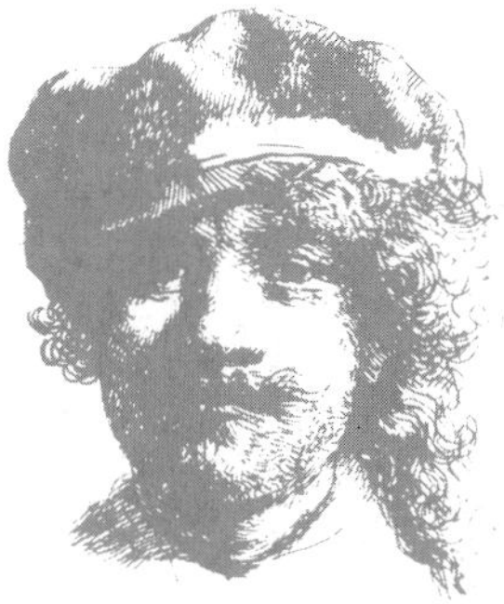

Rembrandt

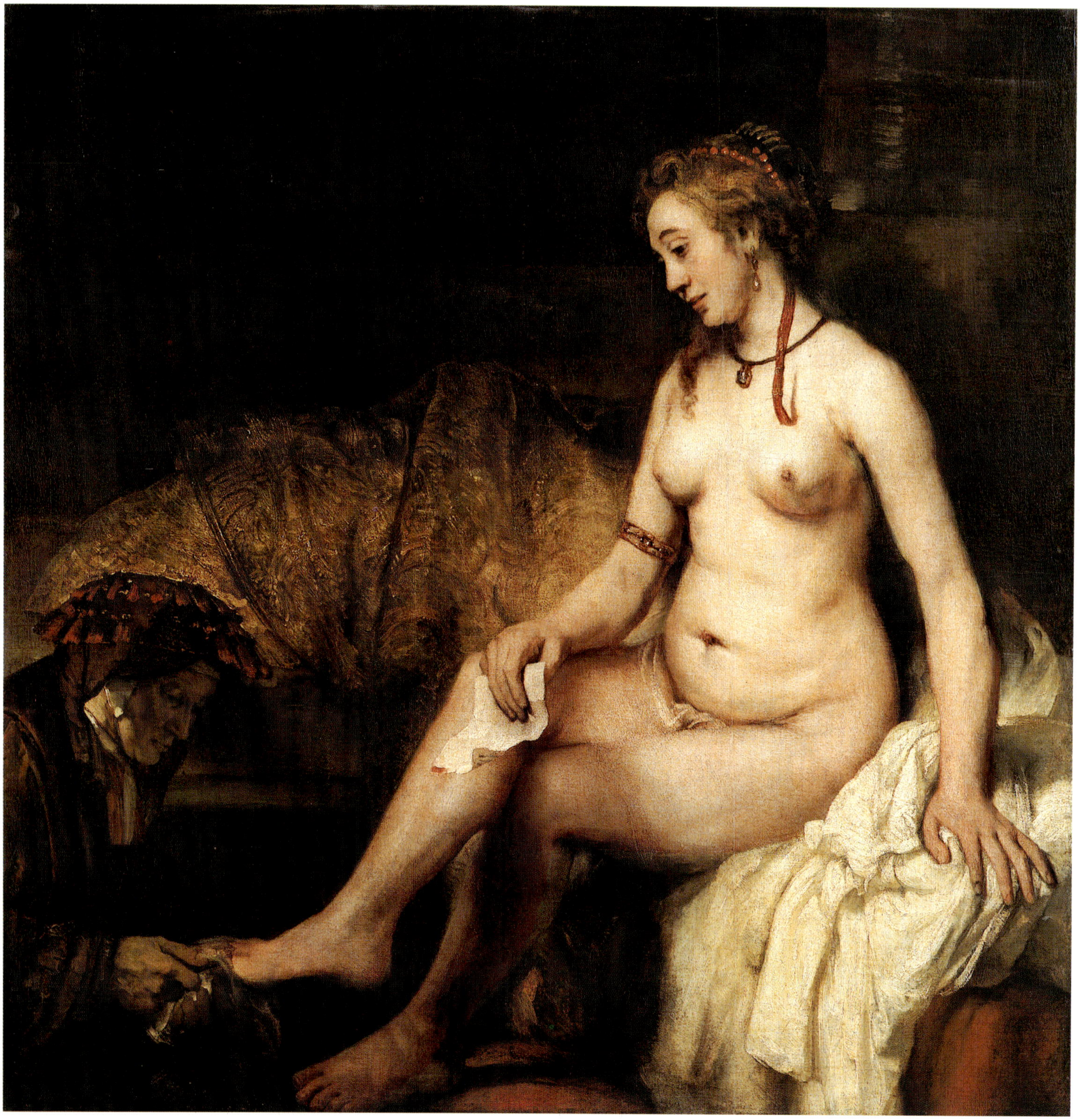

Michael Bockemühl

Rembrandt

1606–1669

Le mystère de l'apparition

Benedikt Taschen

PREMIERE DE COUVERTURE:
Le capitaine Frans Banning Cocq donnant à son lieutenant l'ordre de départ de sa compagnie
(dite *La Ronde de nuit*), détail, 1642
Huile sur toile, 363 x 437 cm
Amsterdam, Rijksmuseum

ILLUSTRATION P. 1:
Autoportrait de face avec béret, vers 1634
Eau forte, seul état connu, 50 x 44 cm
Amsterdam, Rijksmuseum

FRONTISPICE:
Bethsabée et la lettre du roi David, 1654
Huile sur toile, 142 x 142 cm
Paris, Musée du Louvre

Hohenzollernring, 53, D-5000 Köln 1
Lectorat et rédaction : Brigitte Hilmer, Bâle
Traduction française: Marie-Hélène Meier, Albigny/s Saône
Conception de la couverture : Peter Feierabend, Berlin
Sélection des illustrations : Frigga Finkentey, Cologne
Printed in Germany
ISBN 3-8228-0535-1
F

Sommaire

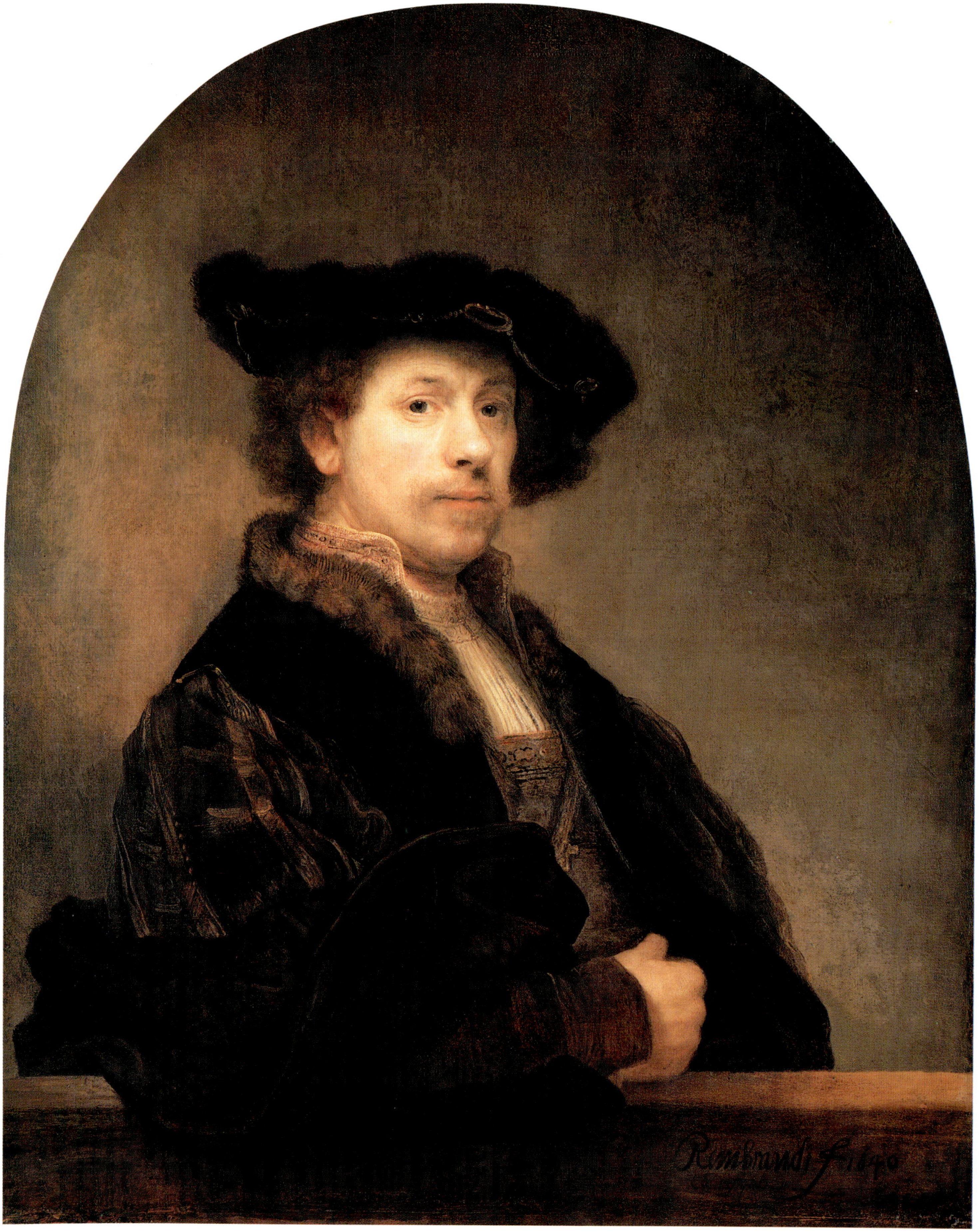
Rembrandt f 1640

Rembrandt – à l'infini

Se tournant un instant, le jeune homme relève la tête (ill. p. 8). Des mèches désordonnées lui tombent sur le front et dans le cou. Ses lèvres charnues sont entrouvertes ; il hausse les sourcils. Le visage se retrouve dans le rayon de lumière qui, de la gauche du tableau, tombe sur l'épaule du personnage. Au-dessus du col blanc, la joue et le bout du nez s'éclairent un instant. Restés dans l'ombre, les yeux se font attentifs, scrutateurs. Le regard du jeune homme se pose sur le spectateur sans toutefois le fixer. Son visage franc paraît tout entier absorbé par le monde qui l'environne. Malgré le petit format de ce portrait, le jeu des parties claires et sombres atteint une très grande intensité. La touche est inégale : à côté de fondus très soignés, elle révèle des coups de brosse intempestifs, des éraflures, des traces estompées, des taches de couleur.

Vêtu de fourrure, de brocart et de velours, l'homme s'appuie sur une balustrade, le coude en avant, sur le bras une lourde étole de tissu précieux (ill. p. 6). Sous le bonnet carré, le visage de semi-profil est voilé d'une mélancolie distinguée. Le regard se tourne vers le spectateur sans se départir d'une certaine réserve. Le personnage travaillé avec recherche se détache sur un fond neutre, en grande partie clair. L'attitude du modèle et la perfection de la technique picturale rappellent un autre grand art, celui du Titien ou de Raphaël. A droite, la balustrade est barrée d'une large inscription «Rembrandt f. 1640».

Le vieil homme porte un habit et un calot de velours dont le ton violine se mêle de brun (ill. p. 10). Il a les mains croisées sur le ventre. L'homme a les traits sereins des personnes qui ont beaucoup vécu. Lourd de confidences et d'interrogations, son regard s'attarde sur le spectateur. Dans la paix de ce visage se mêlent résignation et attente, scepticisme et confiance, inassouvissement et plénitude. Le front et la bordure blanche du calot s'éclairent, tranchant sur l'arrière-plan qui se perd vers la droite dans une obscurité insondable. Le personnage semble tout à la fois proche et inaccessible. L'atmosphère qui le baigne englobe le spectateur. Les lignes des yeux, l'arête du nez, les mèches sur les tempes sont finement tracées, alors que tout autour les contours se dissipent, comme inachevés. Tout à la fois saisissable et insaisissable, la couleur de l'habit apparaît – ou se dérobe. Pas plus que les sentiments du personnage, les couleurs et les formes n'ont de consistance définitive. Même ce qui accroche le regard échappe aux définitions et entraîne le spectateur dans des sphères où les mots sont impuissants. Malgré l'impression d'inachèvement qui s'en dé-

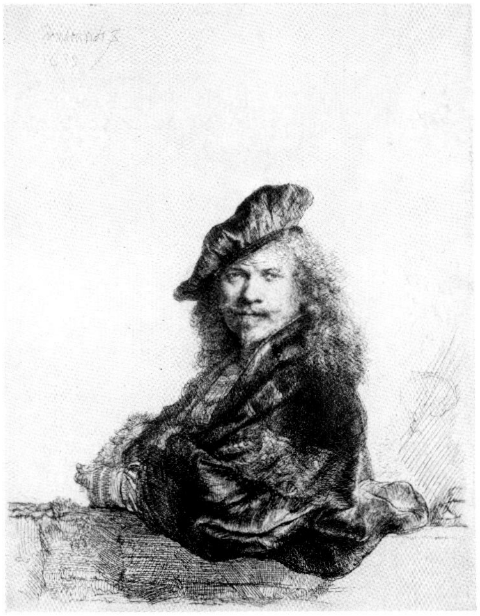

Autoportrait accoudé, 1639
Eau-forte, IIe état, 20,7 x 16,4 cm
Amsterdam, Rijksmuseum

Autoportrait, 1640
Huile sur toile, 102 x 80 cm
Londres, The National Gallery

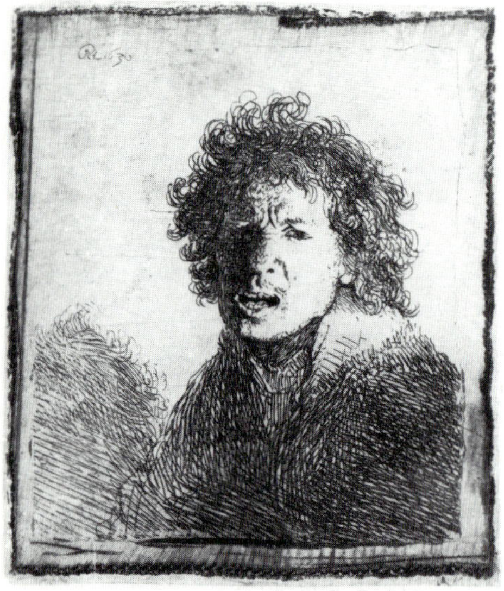

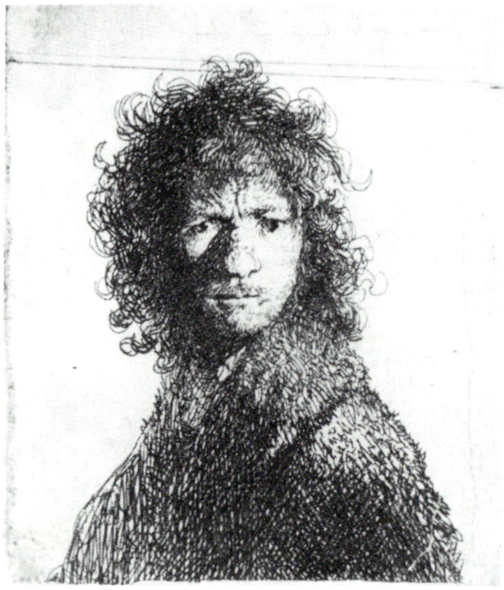

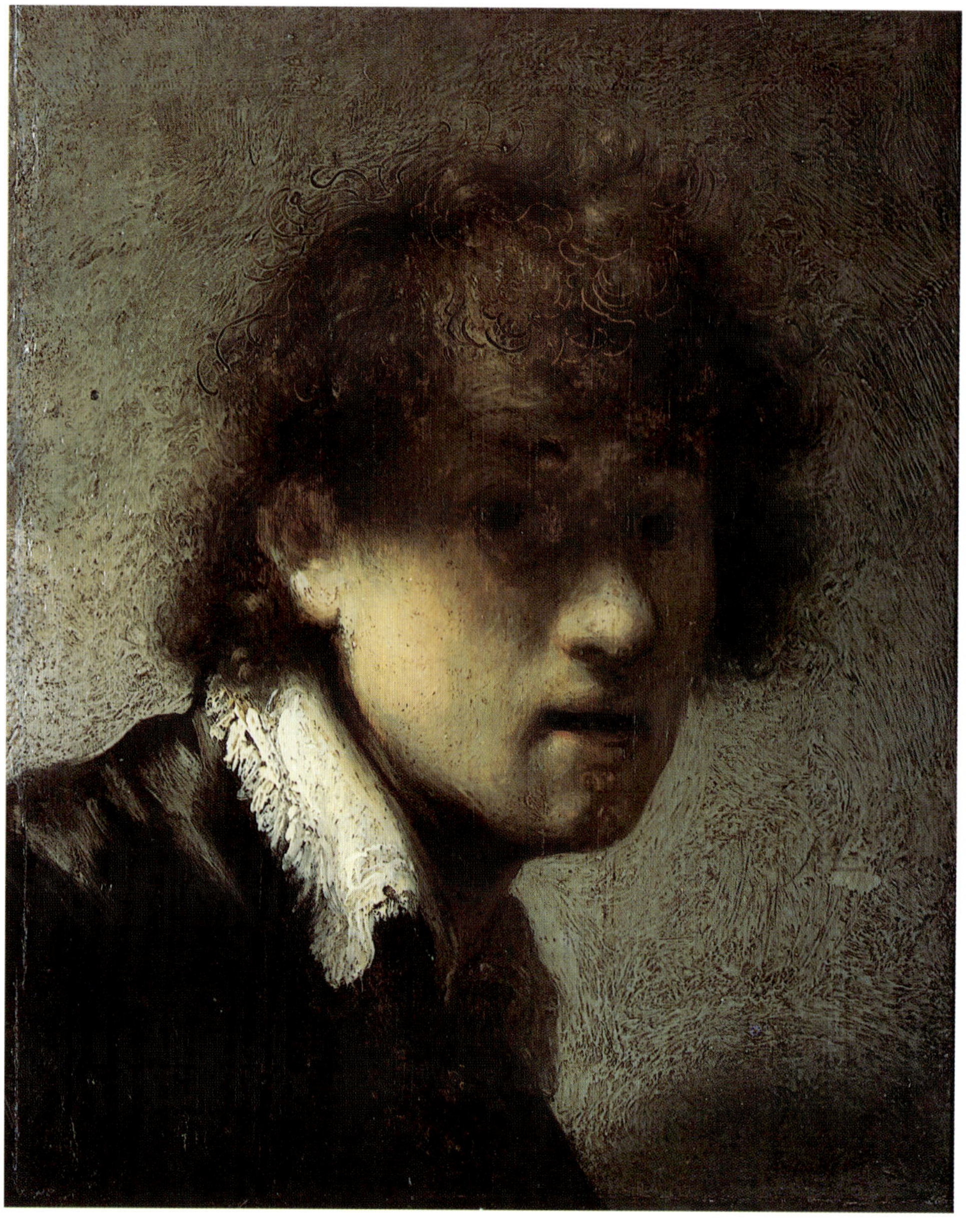

Autoportrait, 1629
Huile sur bois, 15,5 x 12,7 cm
Munich, Alte Pinakothek

ILLUSTRATION EN BAS À GAUCHE:
Autoportrait aux sourcils froncés, 1630
Eau-forte, IIe état, 7,2 x 6,1 cm
Amsterdam, Rijksmuseum,
Rijksprentenkabinet

ILLUSTRATION EN HAUT À GAUCHE:
Autoportrait à la bouche ouverte, 1630
Eau-forte, Ier état, 8,3 x 7,2 cm
Amsterdam, Rijksmuseum,
Rijksprentenkabinet

gage, cette structure ouverte revendique une perfection à laquelle le spectateur prend une part directe et entière.

Trois personnages, trois styles, trois univers. Au cours des quarante-quatre années de création, la peinture de Rembrandt a subi une évolution extrêmement profonde. A des débuts parfois désordonnés et un peu gauches, mais néanmoins très significatifs, succédèrent l'épanouissement et le foisonnement d'un art et d'une virtuosité inégalés. Ils aboutirent à une forme de peinture qui n'a toujours pas livré son secret. Les séries de tableaux et de gravures, elles aussi importantes, traduisent une quête perpétuelle. Chaque version d'un tableau est une expérience inédite qui puise dans le passé, anticipe l'avenir et révèle des qualités toujours renouvelées. Les très nombreux dessins témoignent d'une irrépressible créativité qui se refuse à progresser pas à pas. Et pourtant, l'évolution de l'artiste forme une unité: jusqu'à la fin, Rembrandt demeure fidèle aux tâches et aux motifs de ses débuts. Rétrospectivement, son évolution apparaît comme un parcours logique.

Ce cheminement est particulièrement manifeste dans les différentes versions d'un même thème. Rien que pour *Siméon glorifiant l'enfant Jésus* (la Présentation au temple, St Luc 2, ill. p. 21, 30, 31, 78), l'artiste a réalisé dix-sept esquisses et compositions différentes qui sont autant de versions nouvelles.

La série d'autoportraits est unique en son genre. Certes, l'artiste traversa des périodes de grandes difficultés financières, mais ce n'est certainement pas faute de pouvoir se payer des modèles qu'il exécuta tant d'autoportraits. Ces tableaux ne rendent pas simplement compte des changements physiques de l'artiste au fil des ans ni de l'expressivité de sa physionomie qu'il a d'ailleurs cultivée et étudiée étant jeune homme (ill. p. 8, 9). Allant bien au-delà, ils constituent un témoignage sans concession comme peu de peintres en ont laissé sur leur personne. Les autoportraits précédemment évoqués datent respectivement de la prime jeunesse de Rembrandt, de l'âge mûr et de la fin de sa vie puisque le troisième est l'une de ses dernières œuvres. D'emblée, le spectateur est frappé par la complexité de sa personnalité qui transparaît dans la manière dont il se montre étant jeune, puis dans la force de l'âge et enfin dans cette rencontre personnelle et directe avec le spectateur qu'il suscite dans la dernière année de sa vie. Pour une approche de l'art de Rembrandt, il est toutefois plus important encore de s'attacher aux qualités picturales qui rendent avec finesse les émotions et les sentiments.

Ces autoportraits nous laissent entrevoir une existence qui, vue de l'extérieur, était surtout faite de travail assidu, sans événements spectaculaires. Après son apprentissage et ses débuts à Leyde, Rembrandt passa sa vie à Amsterdam. Contrairement à d'autres artistes, il ne fit pas le traditionnel voyage d'Italie. La mort de sa première femme, Saskia van Uylenburgh, en 1642, marqua le déclin de son prestige social. Il traversa une difficile période marquée par des querelles juridiques et sa faillite financière. Sa compagne Hendrickje Stoffels et son fils Titus lui permirent sur le tard de connaître de paisibles années créatrices. Vivant très retiré, mais non pas esseulé, il obtint des commandes d'amis et de collectionneurs .

Longtemps entourées de légendes, les circonstances de la vie de Rembrandt et son œuvre sont aujourd'hui largement explorées. Les conditions dans lesquelles ses tableaux virent le jour, ses commanditaires et ses modèles nous sont connus, ses thèmes ont été mis en relation avec l'art de son temps, sa technique a été reconstituée. Et surtout, les œuvres de la main de Rembrandt ont été départagées des tableaux en nombre impressionnant qui, pour quelque raison que ce soit, lui ont été attribués jusqu'à une période très récente. Certaines questions, touchant notamment à l'interprétation des motifs de ses œuvres, sont toujours sans réponse. Mais cela ne suffit pas à expliquer l'intérêt porté à son art. Cet engouement actuel, qui n'a enflammé le monde entier qu'au début de notre siècle, n'a toujours pas faibli. Même les voies expérimentales ouvertes par l'art contemporain n'ont apparemment fait que renforcer la fascination exercée par Rembrandt.

Si l'ensemble de l'œuvre est caractéristique, les qualités picturales qui la rendent unique dans l'histoire de l'art et qui sont exclusivement propres à Rembrandt se manifestent dans les créations tardives aujourd'hui encore méconnues.

Autoportrait au béret, riant, 1630
Eau-forte, IIIe état, 5,0 x 4,4 cm
Amsterdam, Rijksmuseum,
Rijksprentenkabinet

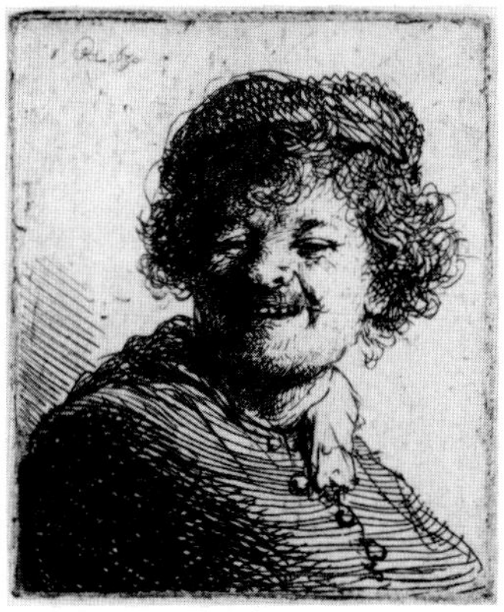

Autoportrait penché en avant, vers 1628
Eau-forte, IIIe état, 4,3 x 4,0 cm
Amsterdam, Rijksmuseum,
Rijksprentenkabinet

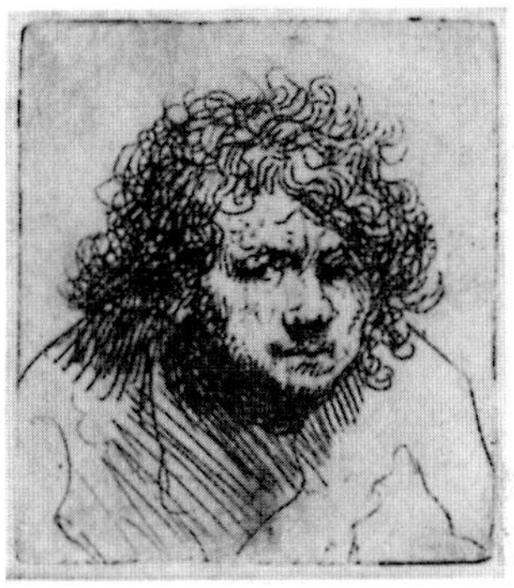

Autoportrait aux yeux écarquillés, 1630
Eau-forte, seul état connu, 5,1 x 4,6 cm
Amsterdam, Rijksmuseum,
Rijksprentenkabinet

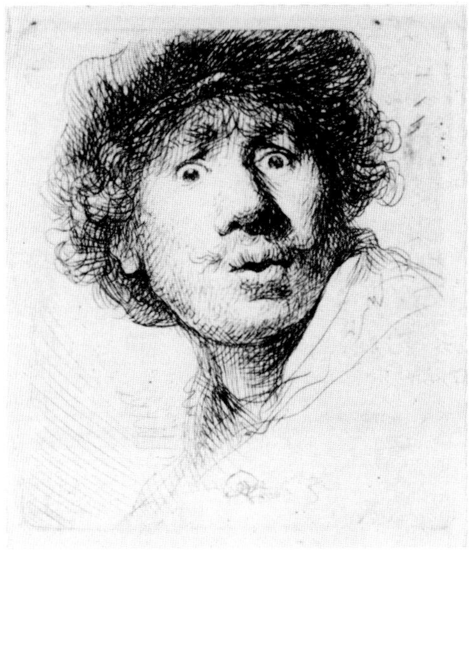

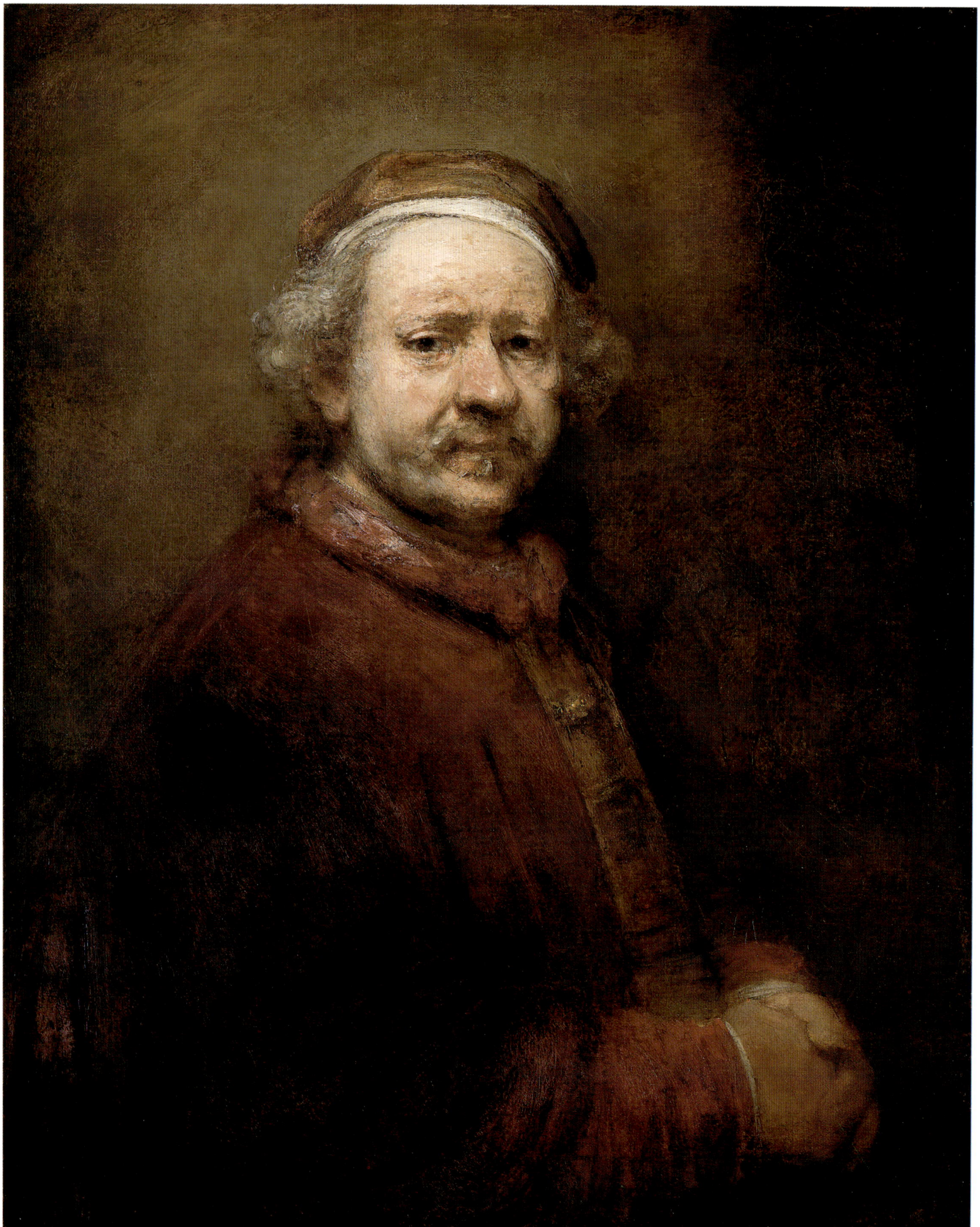

Nous nous proposons ici de mettre en évidence les effets purement visuels de la peinture de Rembrandt et nous nous concentrerons donc sur ses tableaux. Parmi eux, il fallut opérer une sélection, se limiter à quelques exemples et renoncer à la comparaison avec d'autres peintres. A partir d'un petit nombre de toiles, nous tenterons de retracer l'évolution de Rembrandt en présentant les aspects que nous avons choisi de privilégier. Ce livre souhaite suggérer des approches possibles au lecteur qui est invité à faire l'expérience, irremplaçable en art, de l'observation personnelle.

Comme l'indique le choix des autoportraits, nous pouvons distinguer trois grandes périodes dans l'œuvre de Rembrandt. La réalité est beaucoup plus compliquée. L'artiste a traversé de nombreuses phases difficiles à délimiter – tel trait réputé typique d'une période se retrouve dans une autre. Par des observations ponctuelles, nous ne pouvons que constater les changements intervenus dans l'édifice complexe d'une œuvre dont l'architecture devrait rester hypothétique.

En ne voyant dans un tableau que la reproduction d'une réalité, nous négligeons le plus souvent l'impression purement visuelle qu'il produit. Pour essayer de suivre l'itinéraire artistique de Rembrandt, il nous faut comprendre ce qu'il a représenté dans ses tableaux, en mesurer la portée. Seuls un examen approfondi des détails concrets des tableaux et la mise en évidence des procédés utilisés pour rendre telle ou telle expression nous permettront d'accéder à une vision totalement libre pour appréhender les qualités picturales non pas globalement et approximativement, mais dans leur manifestation individuelle. Nous nous pencherons donc en premier lieu sur la manière dont Rembrandt représente ses sujets et en particulier sur la composition des scènes. Ceci nous amènera inévitablement à parler des qualités purement visuelles. En décortiquant les tableaux de Rembrandt, nous libérons le regard pour pouvoir aborder avec la même acuité les œuvres de la dernière période qui ne font plus intervenir que le regard et l'intuition.

L'évolution de la peinture de Rembrandt n'est pas un cheminement de l'imperfection vers la perfection, de l'approximation vers la précision, de l'ébauche vers l'achevé, pas plus qu'elle ne se réduit à l'inverse.Tout ce qui dans un tableau fait appel à l'intellect – les signes, les histoires, les personnages, l'espace, la lumière et les événements temporels qui y sont représentés – est transposé dans une réalité picturale que le spectateur saisit intuitivement, par le seul fait de la regarder. Le raisonnement cède la place au regard. Cet art remet par là en question les certitudes fondamentales de la connaissance. L'étude de Rembrandt semble plus que jamais à l'ordre du jour. Il nous met aujourd'hui au défi de regarder ses œuvres en prenant conscience des possibilités inépuisables de notre regard. Rembrandt – à l'infini.

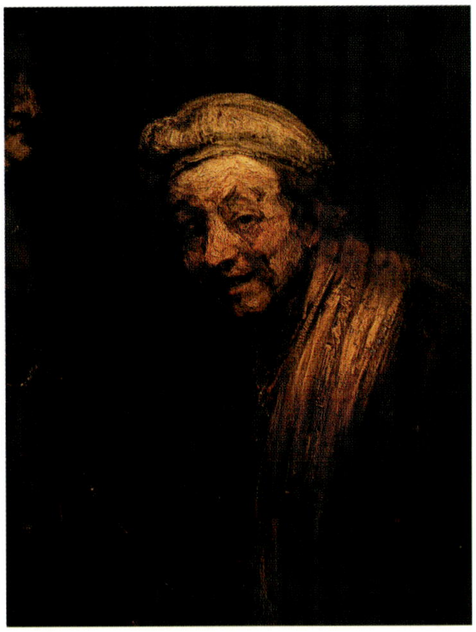

Autoportrait, vers 1668
Huile sur toile, 82,5 x 65 cm
Cologne, Wallraf-Richartz-Museum

Autoportrait, 1669
Huile sur toile, 86 x 70,5 cm
Londres, The National Gallery

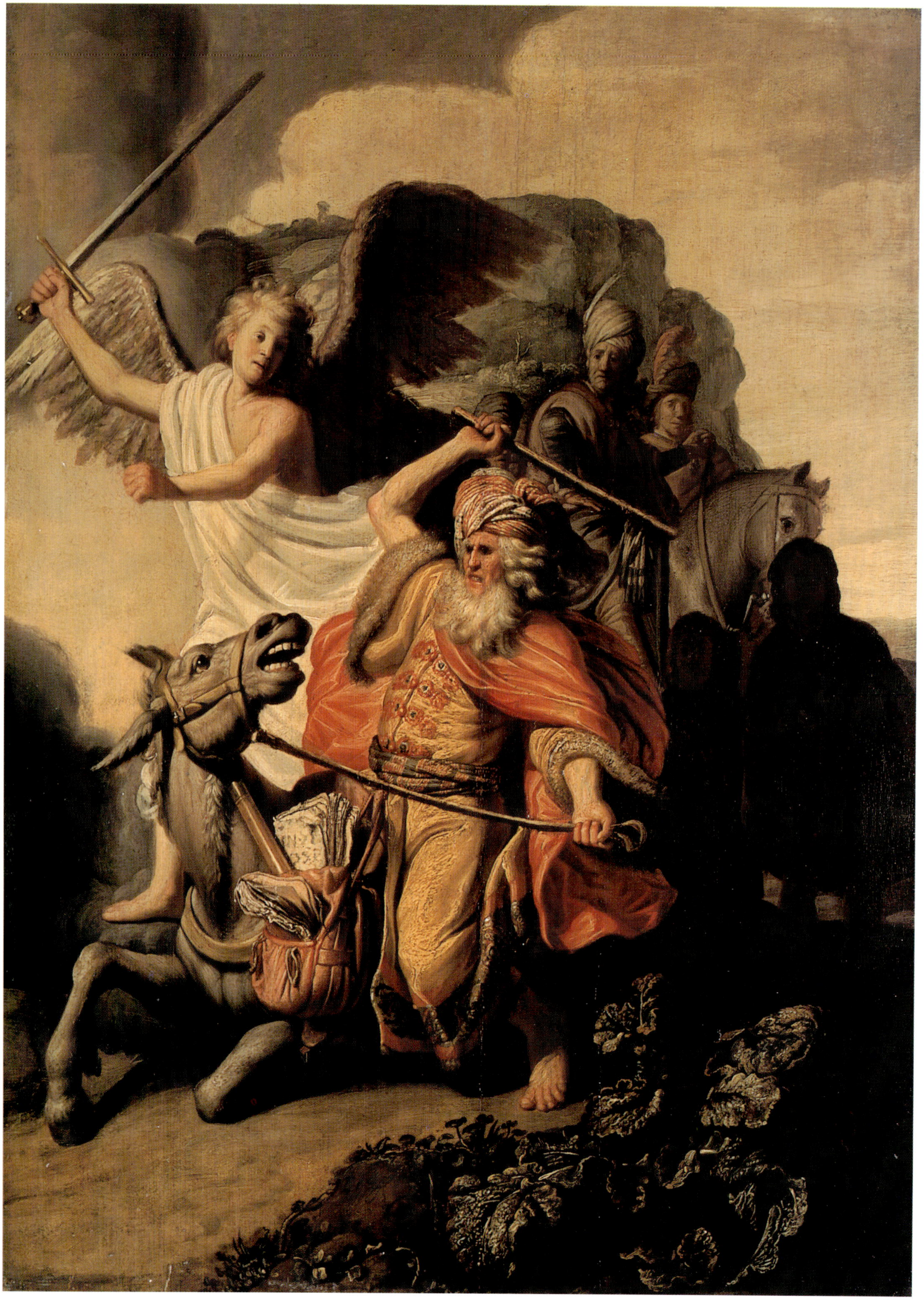

Rembrandt le penseur: La mise en scène des premiers tableaux

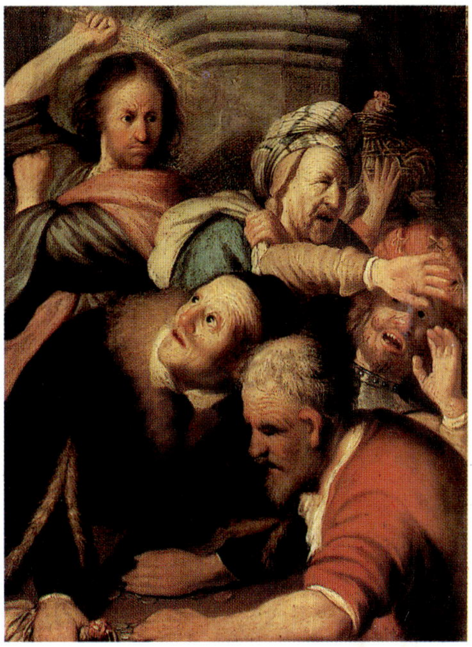

Le Christ chassant les marchands du temple, 1626
Huile sur bois, 43,1 x 32 cm
Moscou, Musée Pouchkine

«Rembrandt le penseur» – en intitulant ainsi une brève description du *Bon Samaritain* (ill. p. 36), Goethe caractérise d'un mot la première période créatrice de Rembrandt. Après un apprentissage chez le peintre van Swanenburgh et six mois passés dans l'atelier de Pieter Lastman à Amsterdam, Rembrandt, alors à peine âgé de dix-neuf ans, s'installe à Leyde, sa ville natale, où il partage un atelier avec son ami et collègue Jan Lievens, d'un an son cadet. Ces jeunes artistes originaux ne tardent pas à être connus et ont notamment l'honneur d'être remarqués par Constantijn Huygens, le secrétaire du prince Frédéric-Henri, stathouder des Provinces-Unies qui fut plus tard l'un des principaux protecteurs de Rembrandt. Ils commencent à travailler avec un marchand d'art d'Amsterdam, Hendrik Uylenburgh. Les commandes en provenance de la capitale se multiplient. En 1630, Rembrandt travaille essentiellement à Amsterdam, alors en plein essor. En 1633, l'année du *Bon Samaritain*, Rembrandt se fiance à Saskia van Uylenburgh, la nièce du marchand d'objets d'art.

Dans la gravure mettant en scène le bon Samaritain, Rembrandt a rajouté incidemment, comme pour meubler, quelques personnages que ne mentionne pas le texte de l'Évangile. Goethe fait observer avec une remarquable pertinence que les acteurs principaux et les personnages secondaires sont liés dans une action à la trame si dense qu'il est parfaitement possible de reconstituer la situation comme s'il s'agissait d'un événement présent. Dans sa description, Goethe montre comment l'artiste, à travers la disposition des personnages, leurs attitudes et leurs mimiques, noue dans cette scène figée une action d'une grande intensité dramatique. «Rembrandt le penseur» rend hommage à la mise en scène de l'artiste. Les questions de mise en scène ont été une préoccupation constante de Rembrandt tout au long de son œuvre. Dans sa première période, il leur accordait un intérêt exclusif.

La Lapidation de saint Etienne (ill. p. 14) est le plus ancien tableau de Rembrandt qui nous soit parvenu. On y voit le martyr encerclé par de nombreux personnages aux grands gestes hostiles. Comme si cette foule n'était pas assez dense à son gré, l'artiste a rempli les moindres espaces libres entre les protagonistes du premier plan par les têtes de badauds plus éloignés. Encadrant de près le groupe central, divers personnages assistent au spectacle. La composition respire l'agitation d'une scène grouillante de personnages, le tumulte, la violence et la douleur. Dès son premier ta-

Le Prophète Biléam et l'ânesse, 1626
Huile sur bois, 63,2 x 46,5 cm
Paris, Musée Cognacq-Jay

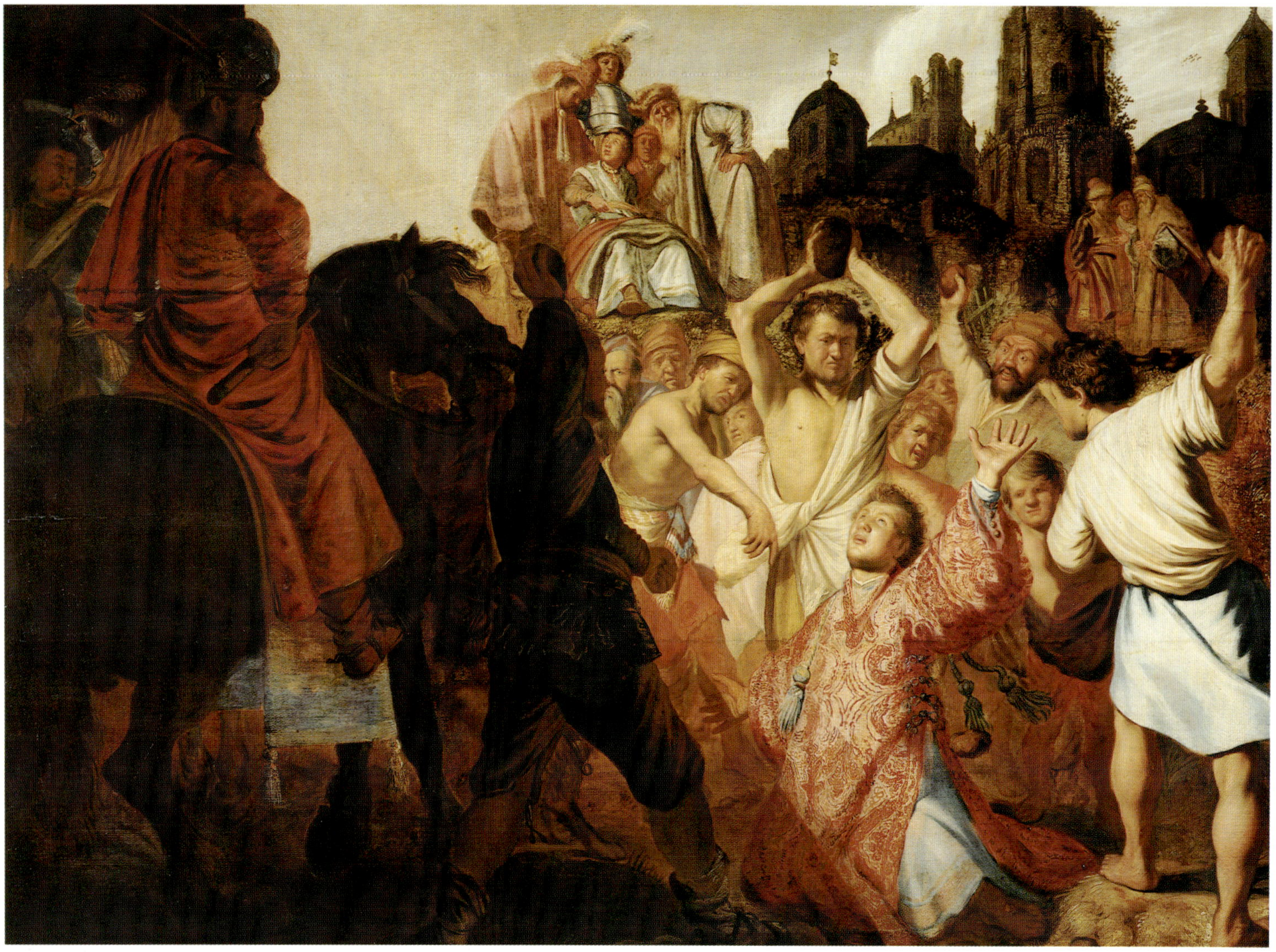

La Lapidation de saint Etienne, 1625
Huile sur bois, 89,5 x 123,6 cm
Lyon, Musée des Beaux-Arts de Lyon

bleau, le jeune artiste aborde un genre – la peinture d'histoire – qui était d'autant plus hautement considéré qu'il passait à son époque pour le plus difficile. En effet, le peintre d'histoire devait non seulement maîtriser toutes les figurations possibles de l'espace, naturel et architectonique, mais également l'anatomie animale et humaine dans toutes les postures possibles. Mais le public jugeait le peintre d'histoire sur son aptitude à rendre par la physionomie et les gestes des personnages les «affects», autrement dit les sentiments, les émotions ou les passions suscités par l'événement représenté.

C'est ainsi qu'une autre œuvre de la première période, *Le Christ chassant les marchands du temple* (ill. p. 13 en haut) est toute entière concentrée sur les émotions des personnages, sur l'expression de la colère, de l'effroi, de la douleur et de la cupidité. Les sentiments des personnages sont si accusés que leur physionomie en est presque caricaturale.

Dans *Le Prophète Biléam et l'ânesse* (ill. p. 12), les affects sont également poussés à leur paroxysme. Ce tableau illustre un épisode de l'Ancien Testament (4ème livre de Moïse, 22) qui relate l'histoire du prophète Biléam chargé un jour par Balak, le roi moabite, d'appeler la malédiction sur les Israélites. En chemin, l'ange du Seigneur intervient, mais seule l'ânesse le remarque. Biléam veut faire avancer l'animal rétif à coups de trique. A cet instant, l'ânesse reçoit le don de la parole. Le Seigneur dessille les yeux de Biléam qui voit l'ange. Au lieu de maudire le peuple élu, il le bénit et lui annonce de futures victoires.

Rembrandt a repris en grande partie le décor d'un tableau de Pieter Lastman, mais il a mis dans tous les gestes une charge expressive beaucoup plus intense. Le mouvement du bras qui brandit la trique est plus ample et le mouvement de l'ânesse se soustrayant aux coups est beaucoup plus marqué. L'animal ouvre plus largement la gueule. L'ange armé d'un glaive s'approche tout près du prophète en colère, de même que les personnes qui accompagnent Biléam et observent la scène. Les gestes des personnages balaient tout le tableau. Le bras levé et les traits crispés de fureur ne laissent planer aucun doute sur le coup que le prophète s'apprête à assener à son animal ni sur l'endroit où il va porter. De même, nous devinons au geste de l'ange que son glaive pourrait arrêter à temps la trique de Biléam pour épargner à l'animal un coup injuste. Lastman avait déjà représenté cette scène au moment où l'ânesse parle, où le miracle se produit. Rembrandt va plus loin en faisant intervenir le miracle à l'instant où les gestes des protagonistes atteignent leur amplitude maximale.

Dans les œuvres datant de ses années à Leyde et de ses débuts à Amsterdam, Rembrandt choisit presque toujours de traiter les événements à leur point culminant. C'est le cas des histoires empruntées à la mythologie comme *L'Enlèvement de Proserpine* (ill. p. 25), ou des épisodes bibliques comme *Le Christ dans la tempête sur le lac de Génésareth* (ill. p. 17). Dans *L'Ange empêche Abraham de sacrifier son fils Isaac* (ill. p. 16) et *Samson aveuglé par les Philistins* (ill. p. 18), il pousse ce principe à son comble. En représentant le mouvement à son summum, l'artiste cherche à rendre la mise en scène la plus vivante possible. Voulant faire du spectateur le témoin oculaire d'un événement qui le concerne directement, il ne recule pas de-

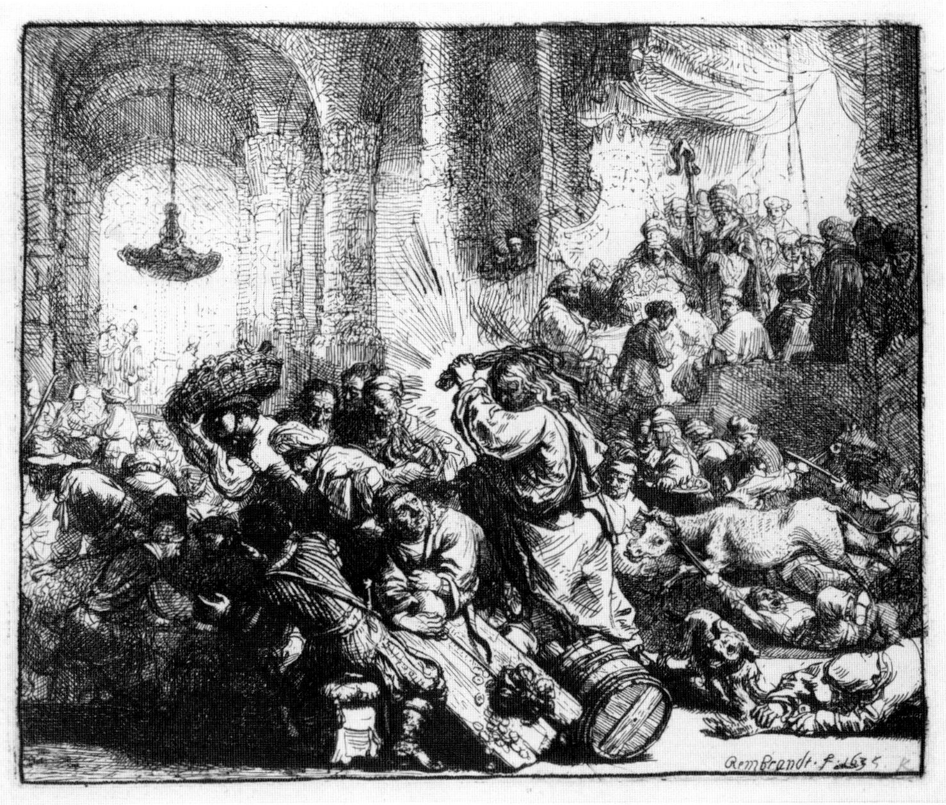

Le Christ chassant les marchands du temple, 1635
Eau-forte, Ier état, 13,7 x 16,8 cm
Amsterdam, Rijksmuseum

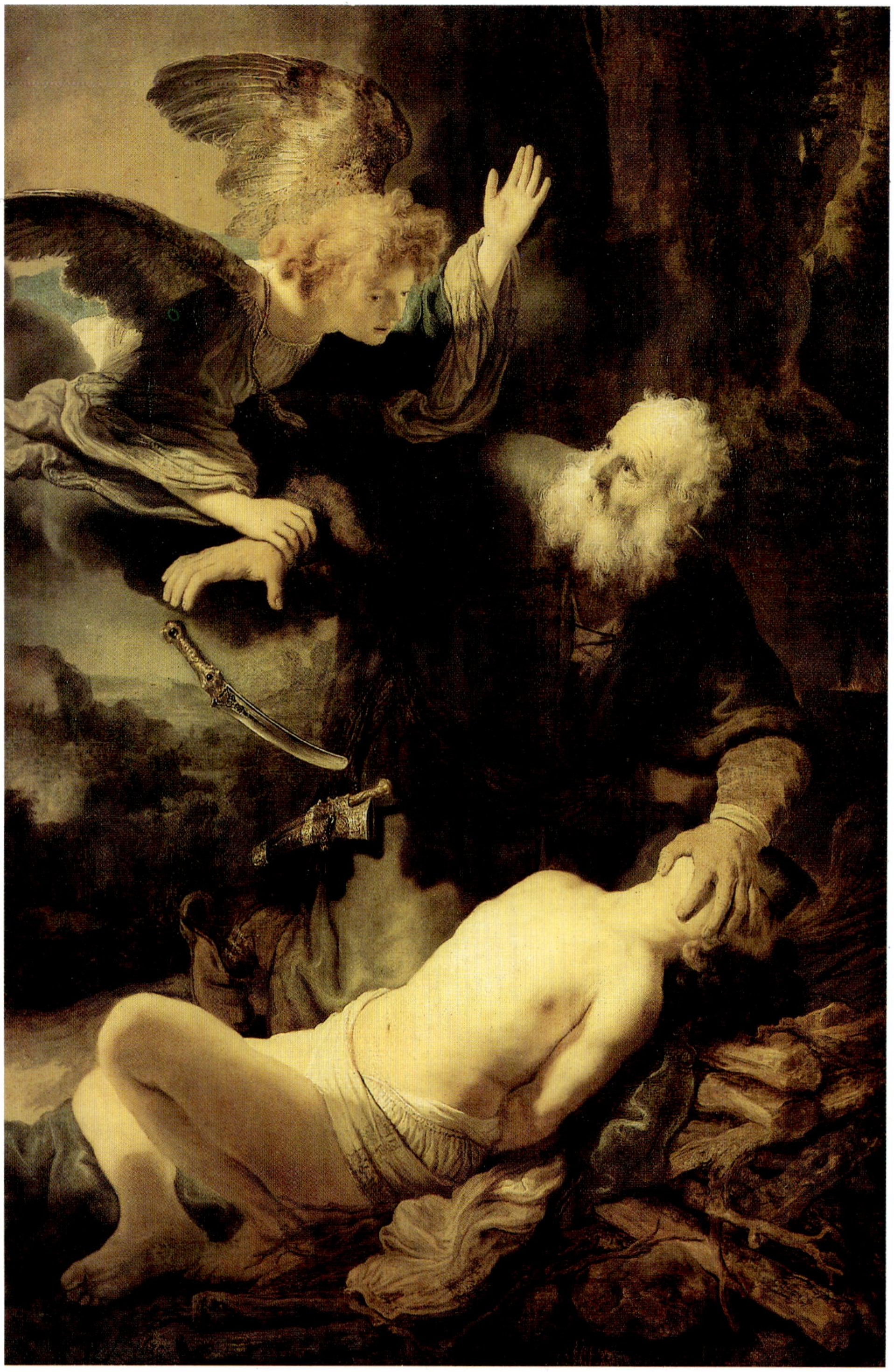

L'ange empêche Abraham de sacrifier son fils Isaac,
1635
Huile sur toile, 193,5 x 132,8 cm
St. Petersbourg, Musée de l'Ermitage

vant les motifs les plus saisissants. Dans le sacrifice d'Isaac, l'ange se précipite sur le bras qu'Abraham lève déjà pour accomplir le sacrifice. Affligé et frappé d'effroi, le vieillard se retourne. La main s'est ouverte, laissant échapper le couteau qui devait trancher la gorge d'Isaac. Dans *Samson aveuglé par les Philistins* (ill. p. 18), nous voyons avec une insoutenable précision la lame qui s'enfonce dans l'œil de Samson, faisant jaillir le sang.

Dans ces deux cas, Rembrandt a recours à la violence scénique. Tels qu'ils sont représentés, le couteau et les gouttes de sang se trouvent forcément en chute libre. Pour comprendre la position du couteau, il faut le considérer en mouvement. Par le motif de la chute, l'artiste contraint véritablement l'observateur à imaginer le mouvement. Mais si le regard

Le Christ dans la tempête sur le lac de Génésareth,
1633
Huile sur toile, 160 x 128 cm
Boston, Isabella Stewart Gardner Museum

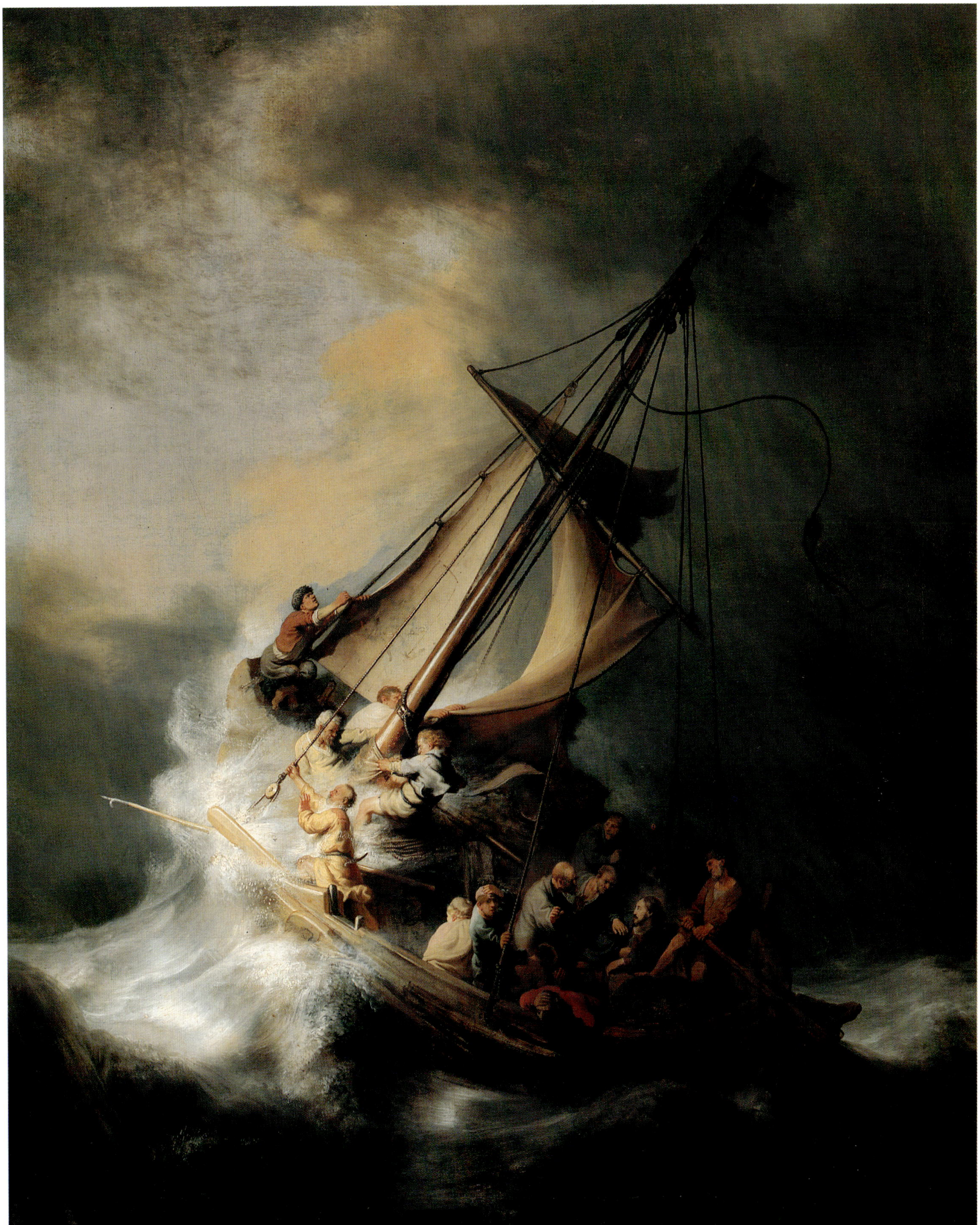

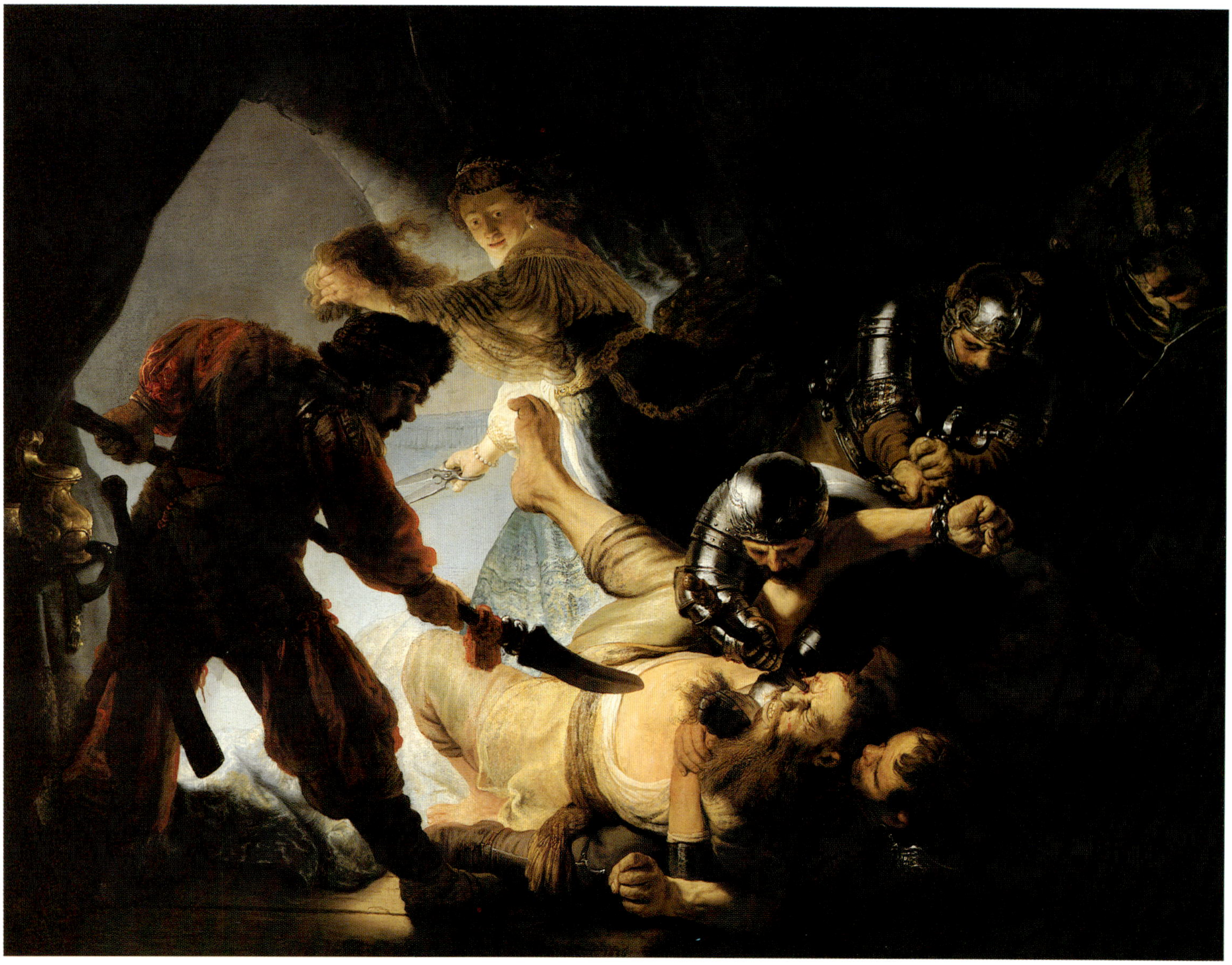

Samson aveuglé par les Philistins, 1636
Huile sur toile, 206 x 276 cm
Francfort/M., Städelsches Kunstinstitut

Détail de *Samson aveuglé par les Philistins*

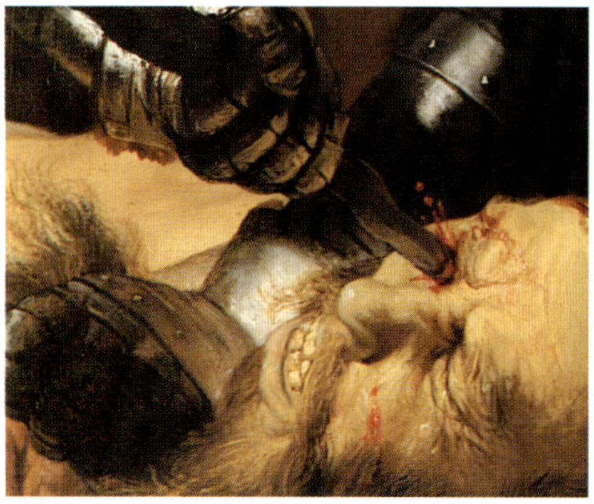

s'attarde sur le tableau, l'immobilité effective du couteau et des gouttes de sang paraît grotesque, en contradiction avec ce qui est censé se produire réellement. Plus nous prolongeons l'observation du tableau, plus cette contradiction est flagrante. Les moyens énergiques censés suggérer le mouvement et l'action révèlent en même temps leurs limites. En effet, la soudaineté du mouvement, le déroulement temporel de l'action ne peuvent être que *pensés* par le spectateur, car ils ne peuvent être *vus* en réalité dans le tableau.

Nous touchons là une limite du tableau considérée comme évidente. L'image peinte étant par définition immobile, tout ce qu'elle représente d'éphémère, de fugitif, paraît devoir ressortir d'une autre réalité que le tableau lui-même. C'est entre autres sur cet argument que l'on se fonde communément pour considérer le monde iconographique comme fictif et le distinguer de la réalité d'une action vécue. En représentant les événements à leur point culminant, le jeune Rembrandt se heurte aux limites du tableau. Ses scènes très mouvementées témoignent qu'il ne se résigne pas à accepter ces limites, qu'il cherche à les dépasser, au besoin par la

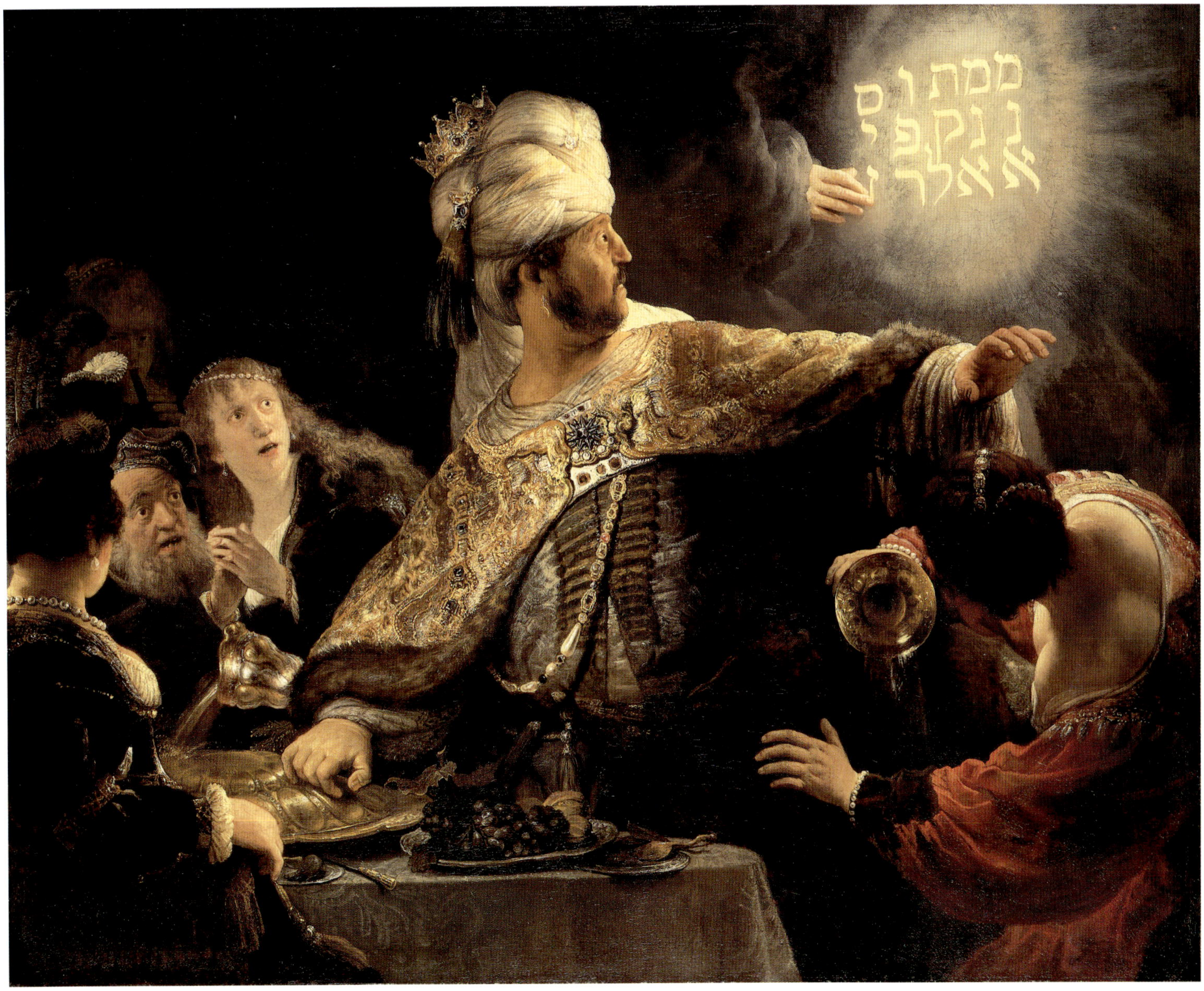

Balthasar apercevant l'écriture sur le mur,
vers 1635
Huile sur toile, 167 x 209 cm
Londres, The National Gallery

force. Il est très significatif de voir ce jeune peintre commencer là où la peinture atteint ses limites. Tout au long de son œuvre, Rembrandt ne variera pas de ce principe et s'attachera toujours à montrer le point culminant d'un événement ou d'une situation. Nous venons d'énoncer l'un des problèmes fondamentaux auxquels l'artiste sera confronté sans relâche. Nous verrons plus loin comment il finira par résoudre la contradiction apparemment irréductible entre l'immobilisme de l'image et la temporalité d'un événement dramatique – avec toutes les conséquences que cela ne manque pas d'avoir sur la compréhension du tableau et de sa réalité, et sur la manière dont le spectateur le regarde.

Les œuvres précédemment évoquées offrent à cet égard un début de réponse. La composition de ces scènes ne retient pas l'observateur dans le présent immédiat d'une action éphémère. Les motifs picturaux évoquant l'apogée de l'événement sont accompagnés de détails illustrant les péripéties qui ont précédé et qui suivent l'instant crucial.

Dans *Samson aveuglé par les Philistins*, un guerrier enfonce le poignard dans l'œil du héros. Mais d'autres soldats sont également présents: l'un

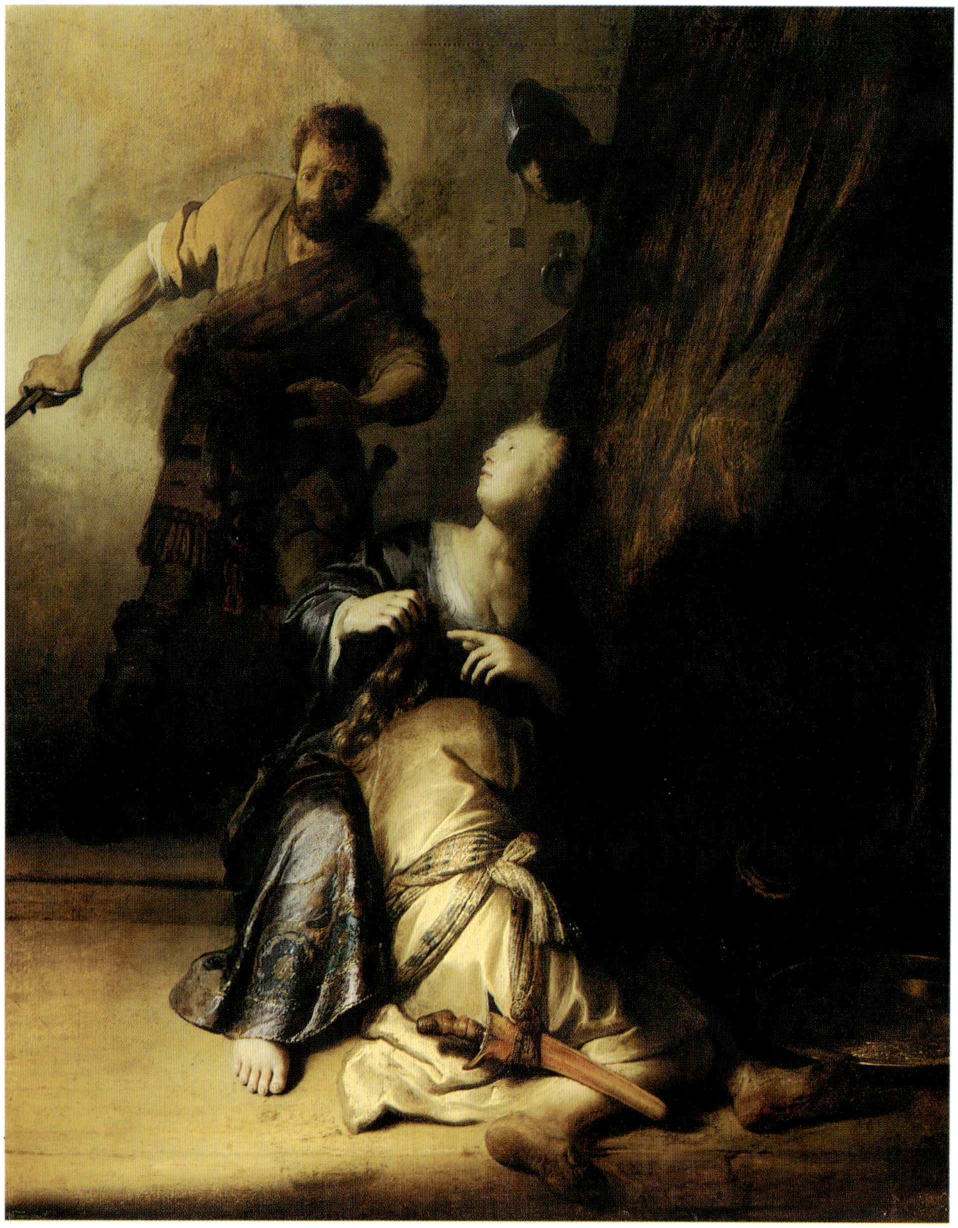

Samson trahi par Dalila, vers 1629/30
Huile sur bois, 61,3 x 50,1 cm
Berlin, Gemäldegalerie, Staatliche Museen Preußischer Kulturbesitz

est couché à terre, retenant Samson, un autre enchaîne le poing brandi de la victime. A droite, au fond du tableau, un guerrier s'approche, l'épée levée, la bouche ouverte, roulant des yeux hagards pendant qu'un autre guerrier au premier plan pointe sa lance sur Samson, menaçant de l'empaler si celui-ci, malgré la perte de sa chevelure miraculeuse, devait trouver la force de résister. Derrière ce guerrier, Dalila jette dans sa fuite un dernier regard sur Samson, tenant dans une main les ciseaux et dans l'autre les cheveux qu'elle lui a coupés. Chaque personnage participe à sa manière à l'action commune au moment fatidique où Samson est aveuglé. Mais le spectateur n'a pas besoin de faire appel à son imagination pour reconstituer les faits qui ont précédé la scène. Rembrandt nous montre Dalila prenant la fuite, mais les mèches et les ciseaux qu'elle tient nous apprennent que la traîtresse a profité du sommeil de son amant pour lui ravir sa chevelure. Ce procédé est encore plus manifeste dans les occupations des guerriers. Nous voyons l'un d'eux s'avancer craintivement, un autre terrasser Samson, un troisième le ligoter, le quatrième lui enfoncer une lame

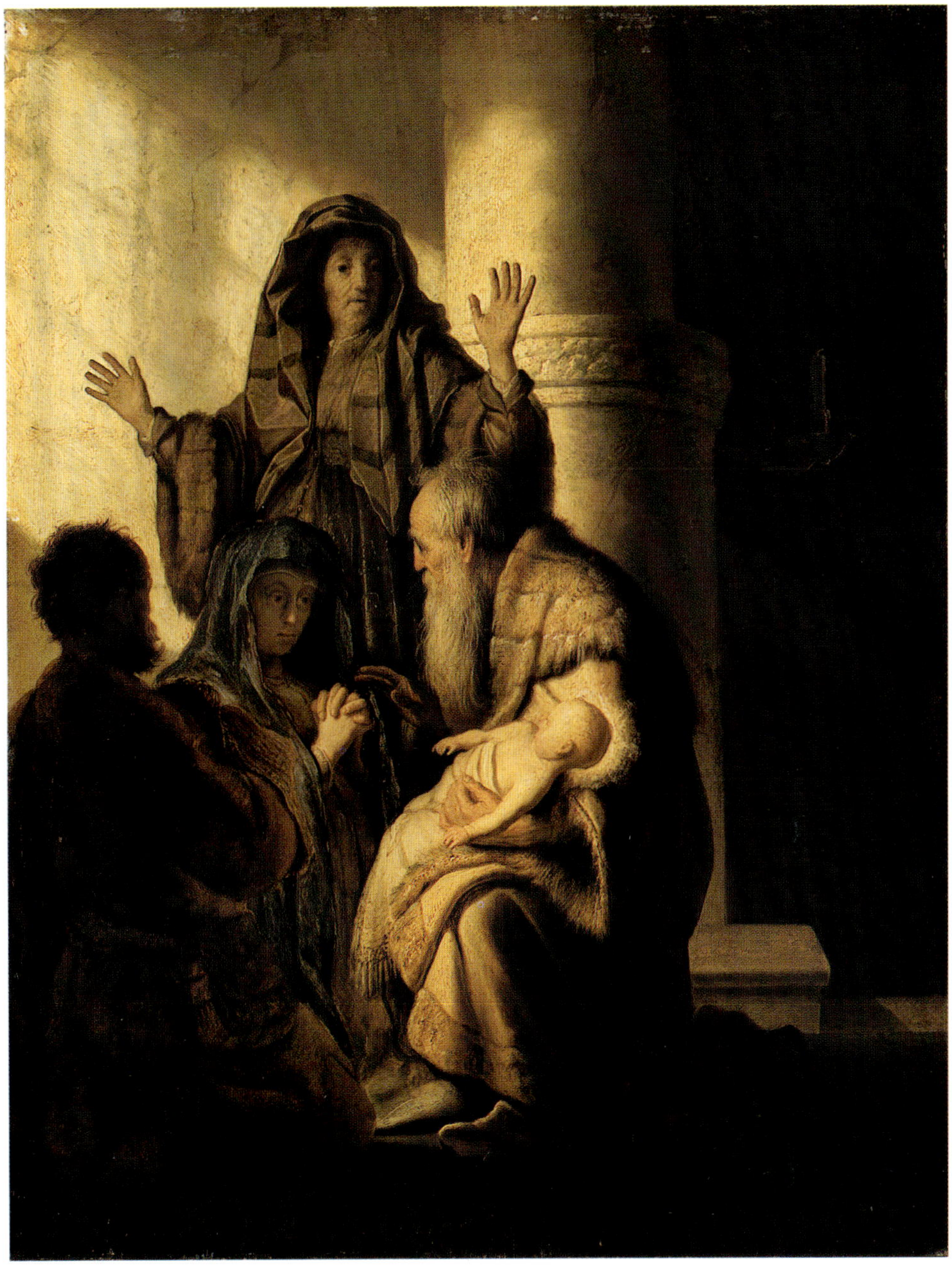

Siméon glorifiant l'enfant Jésus, vers 1627/28
Huile sur bois, 55,4 x 43,7 cm
Hambourg, Hamburger Kunsthalle

dans l'œil. Pour parvenir à leurs fins, les guerriers, une fois Samson privé de sa chevelure, durent assaillir le héros affaibli, le jeter à terre et l'attacher pour lui crever les yeux. Toutes ces étapes se retrouvent dans le tableau, réparties sur les différents personnages. D'une part, les Philistins se répartissent les rôles à l'instant crucial où le héros est aveuglé, où le sang jaillit, et d'autre part, ils illustrent les opérations qui se sont succédées dans le temps depuis le vol de la chevelure jusqu'à l'instant présent. Dans la première version du thème de Samson réalisée en 1629, Rembrandt avait déjà conçu cette approche graduelle (ill. p. 20).

Ce genre de mise en scène concilie un peu l'immobilisme du tableau et les événements précipités qu'il représente, tout au moins de ceux qui précèdent le coup de poignard. Par ce procédé, contrairement aux tableaux qui n'illustrent qu'un seul aspect de l'action, le spectateur n'a pas besoin de se détacher de ce qu'il voit pour reconstituer mentalement le fil des événements. Son imagination n'a qu'à se reporter pas à pas à ce que lui présente le tableau.

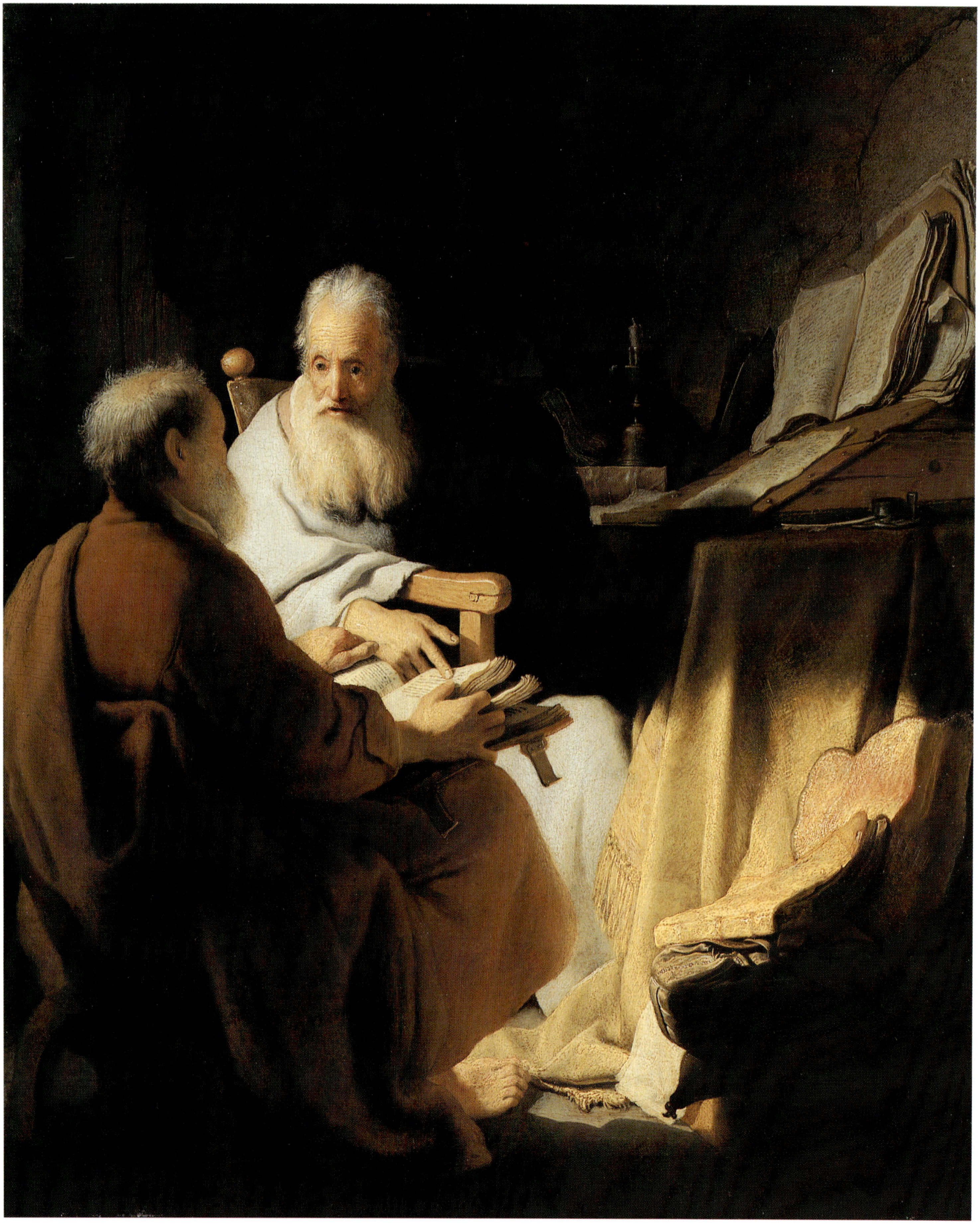

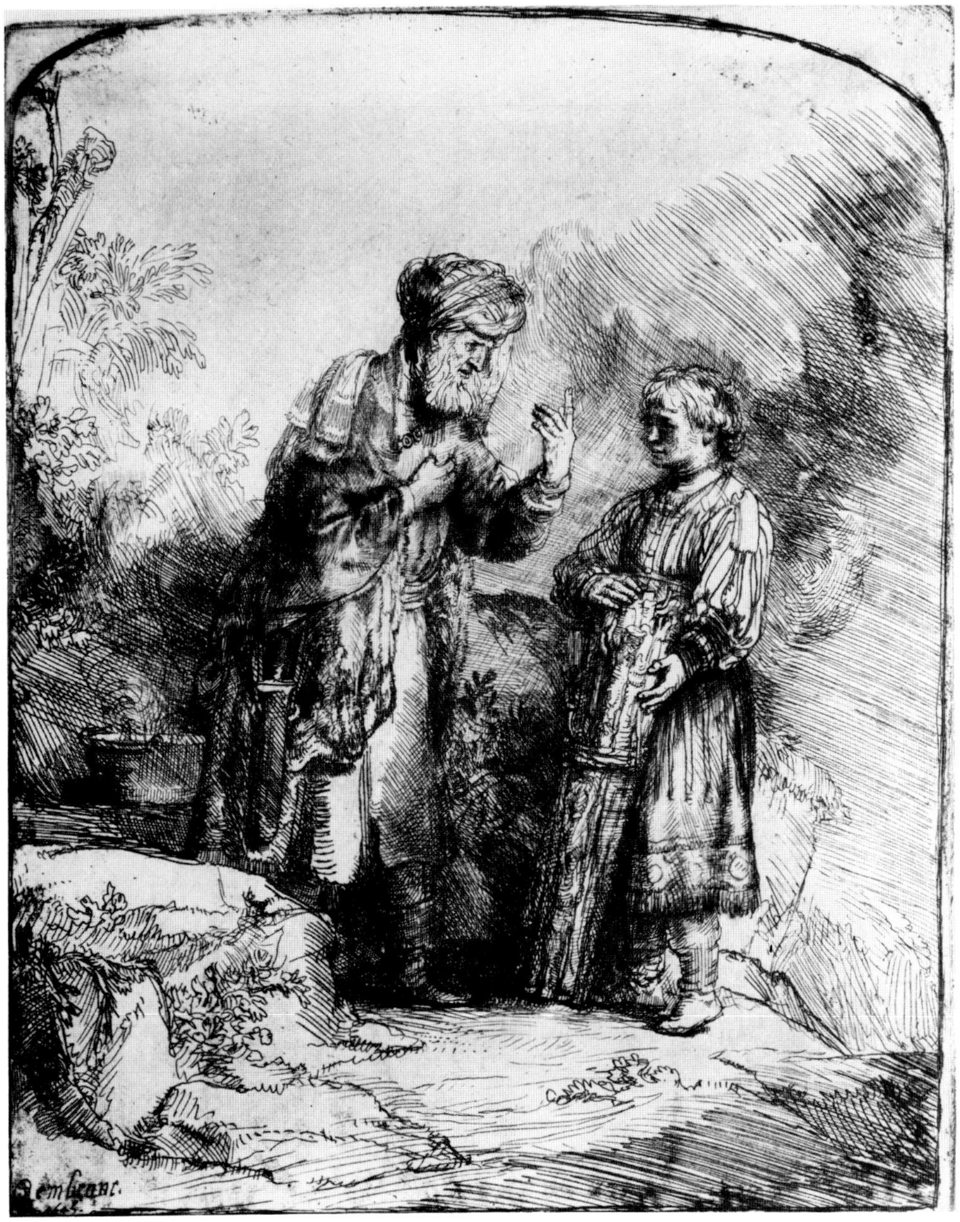

Abraham et Isaac, 1645
Pointe sèche, seul état connu, 15,7 x 13 cm
Amsterdam, Rijksmuseum,
Rijksprentenkabinet

Deux érudits conversant (Pierre et Paul?), 1628
Huile sur bois, 72,3 x 59,7 cm
Melbourne, National Gallery of Victoria,
donation Felton 1934

Le soldat armé de la lance, debout sur la gauche, au premier plan, remplit un rôle important. Il reste immobile pendant tout le déroulement de la scène. Il n'est pas moins concerné que les autres guerriers par ce qui se passe ; il est chargé de surveiller Samson. Sa mission n'est reconnaissable que si l'on saisit un moment l'immobilité de sa posture. Son geste figé se trouve ainsi en adéquation avec l'immobilisme de la représentation tout en étant le signe d'une activité. Nous abordons ainsi un autre aspect de la mise en scène des premières œuvres de Rembrandt.

Les sujets choisis par l'artiste nous renseignent sur l'objectif qu'il cherche à atteindre à travers ses mises en scène. Très tôt, à côté des tableaux mouvementés ou dramatiques, il peignit des scènes plus paisibles, comme la première version de *Siméon glorifiant l'enfant Jésus* (ill. p. 21) et *Deux érudits conversant* (ill. p. 22). Sans être dénuées d'intensité dramatique, ces scènes n'illustrent pas le point culminant d'un événement marquant. Certes, dans *Siméon glorifiant l'enfant Jésus* , il est permis de voir dans les mains levées de la prophétesse Anne l'expression de la surprise. Mais son geste en suspens est davantage un signe d'étonnement et de bénédiction. C'est justement dans la mesure où ils sont impliqués directe-

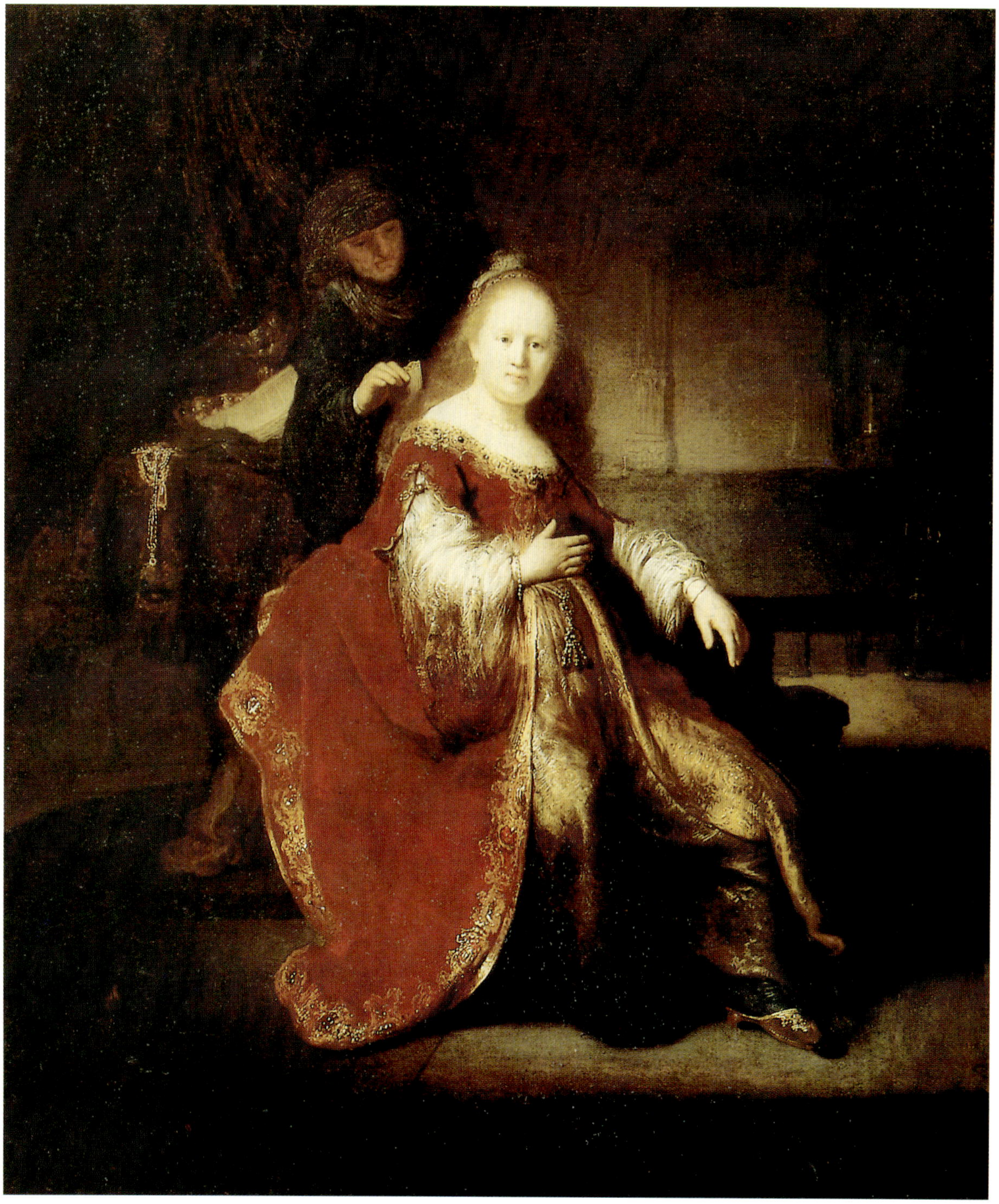

Esther avant sa rencontre avec Ahasver (?), vers 1633
Huile sur toile, 109,8 x 94 cm
Ottawa, National Gallery of Canada

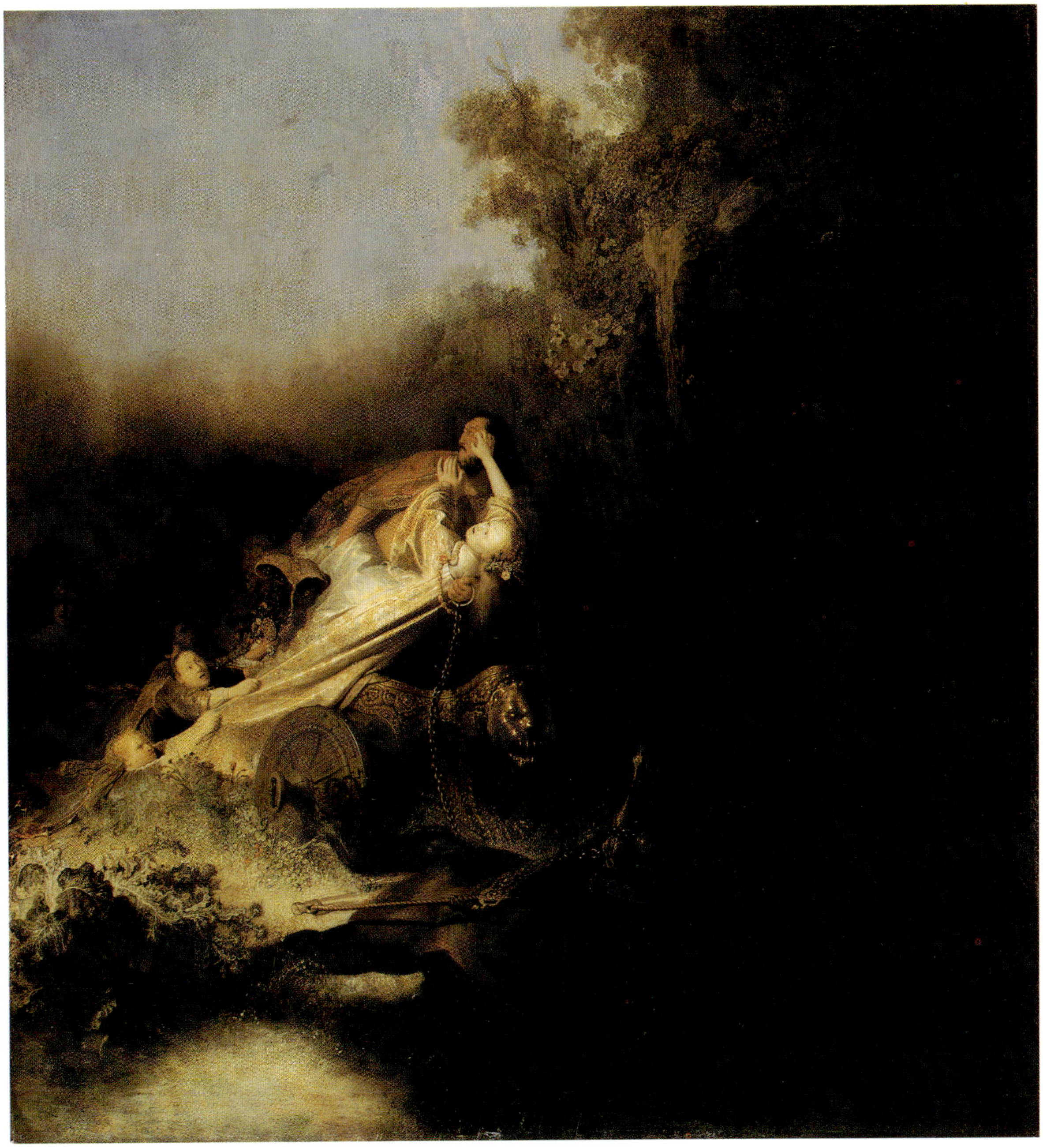

L'Enlèvement de Proserpine, 1631
Huile sur bois, 84,8 x 79,7 cm
Berlin, Gemäldegalerie, Staatliche Museen
Preußischer Kulturbesitz

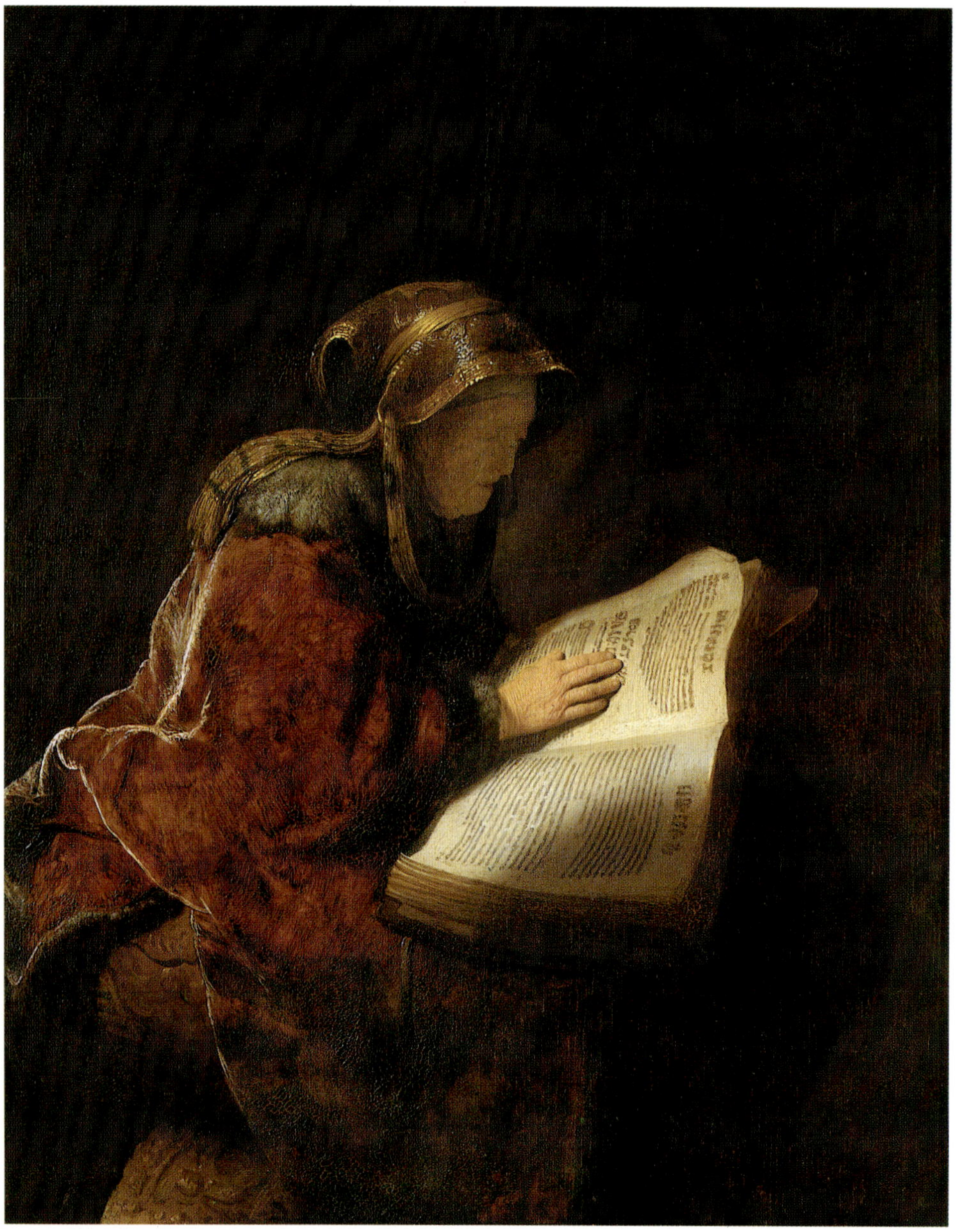

La Prophétesse Anne (La Mère de Rembrandt), 1631
Huile sur bois, 59,8 x 47,7 cm
Amsterdam, Rijksmuseum

Le Prophète Jérémie pleurant sur la ruine de Jérusalem, 1630
Huile sur bois, 58,3 x 46,6 cm
Amsterdam, Rijksmuseum

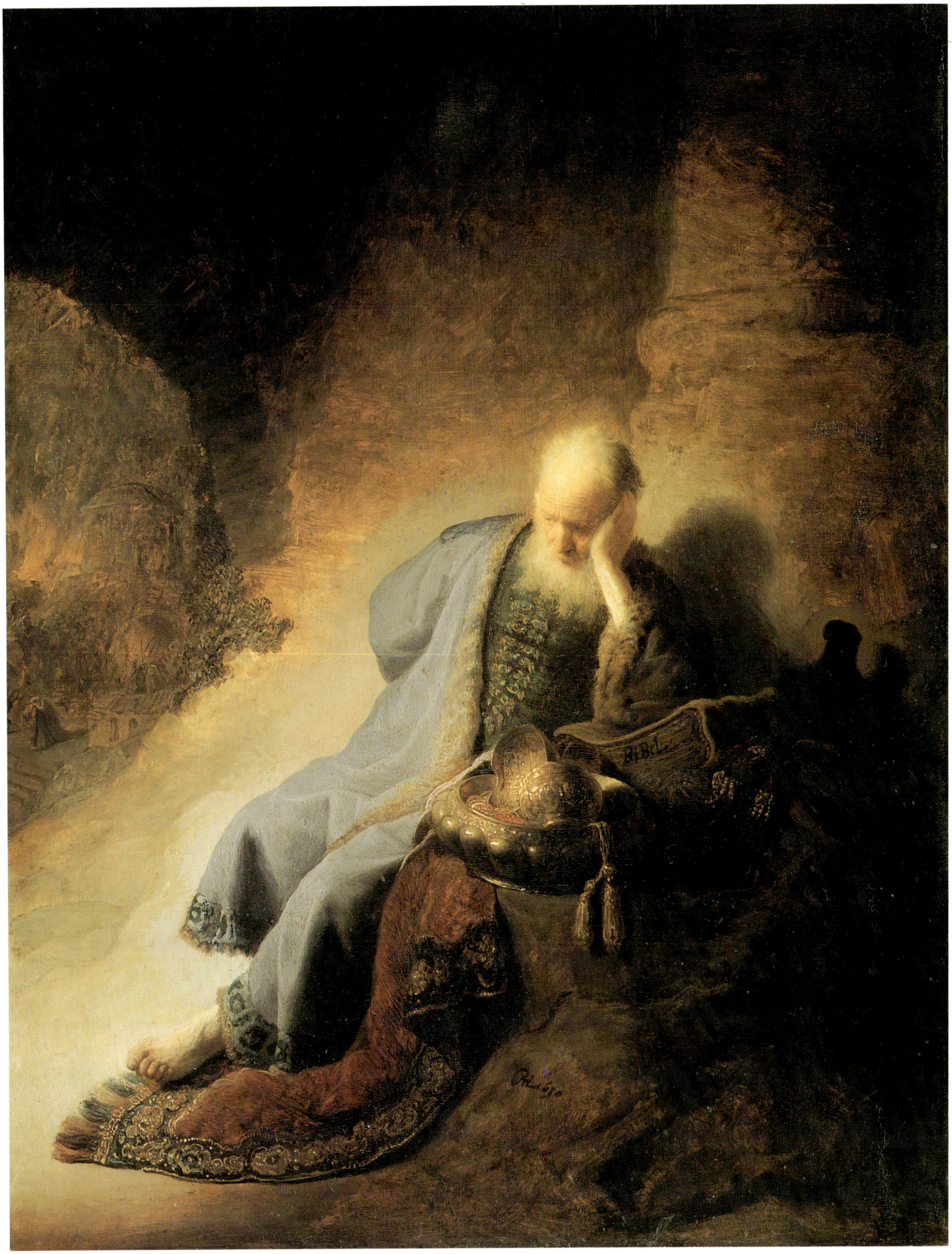

ment dans l'acte solennel que la pose des autres personnages peut se prolonger en toute vraisemblance. Dans le deuxième exemple, les deux érudits ont également des gestes posés qui restent comme suspendus un moment. Dans les deux cas, toute l'action réside dans la communication, dans le dialogue, dans les paroles échangées. La représentation de personnages en train de dialoguer est un autre grand thème traité par la mise en scène de Rembrandt.

A travers les gestes qui accompagnent les paroles, Rembrandt parvient à rendre avec vivacité des moments dramatiques beaucoup plus compatibles avec l'immobilisme du tableau que les scènes d'action. Un dialogue ne se réduit pas à l'acte de la parole et de l'écoute. Les interlocuteurs manifestent par de nombreux gestes leur acquiescement, leur désaccord ou leurs objections. Un dialogue, ce n'est pas non plus un flot ininterrompu de paroles, mais aussi les pauses que se ménagent les interlocuteurs pour réfléchir à ce qui vient d'être dit ou attendre une réponse. Ces silences partagés sont parfois les instants les plus denses d'une conversation. Au fil de son œuvre, Rembrandt a cherché à rendre toutes les nuances du dialogue en les renouvelant sans cesse et avec une puissance expressive toujours étonnante. Il a mis dans ces gestes qui s'attardent et restent comme suspendus des nuances de plus en plus riches et subtiles. Dans les tableaux de la dernière période les gestes expriment des sentiments si denses que les mots sont impuissants à en décrire le foisonnement.

Un troisième leitmotiv se retrouve dans la mise en scène de Rembrandt: les scènes consacrées à un seul personnage ou marquées par un personnage dominant. Le tableau *Saint Paul en prison* (ill. p. 29) peint en 1627 montre l'apôtre assis sur son lit, plongé dans ses pensées, le menton dans une main, le coude sur un manuscrit posé sur un livre. De l'autre main qui tient un calame, il retient le livre ouvert sur ses genoux. *Le Prophète Jérémie pleurant sur la ruine de Jérusalem* (ill. p. 27) représente un vieillard barbu méditant avec affliction au pied d'une imposante colonne, le coude appuyé sur un chapiteau. Dans le lointain, on distingue les vestiges d'un temple et les ruines d'une ville en flammes, des personnages aussi, s'enfuyant ou tentant encore de sauver quelques biens. Ces deux tableaux ont en commun de ne pas simplement mettre le spectateur en présence d'un personnage, mais de le montrer occupé à une activité comme les acteurs des tableaux décrits précédemment. Ici aussi, le personnage est concerné par le déroulement d'un événement. Sa figuration s'apparente donc à un tableau d'histoire, à cette différence que l'activité du personnage est ici purement intérieure.

Rembrandt associe à cet aspect un autre trait important. L'activité intérieure de Jérémie n'est pas figurée par les personnages secondaires. Au même titre que la plume et le papier de saint Paul, ils indiquent simplement la teneur de l'occupation ou l'objet de la réflexion. La méditation n'est perceptible qu'à l'attitude du personnage. A cet égard, il est essentiel de réaliser de quelle manière Rembrandt exploite l'effet de cette attitude pour influer sur le spectateur. Celui-ci n'en est pas réduit ici à enregistrer intellectuellement l'activité intérieure du personnage. Lorsqu'il a saisi l'objet de la réflexion de Paul ou de l'affliction de Jérémie, il se met à son tour à réfléchir à la même chose que les personnages bibliques – à la lettre de l'apôtre ou à la chute de Jérusalem. C'est moins le contenu qui

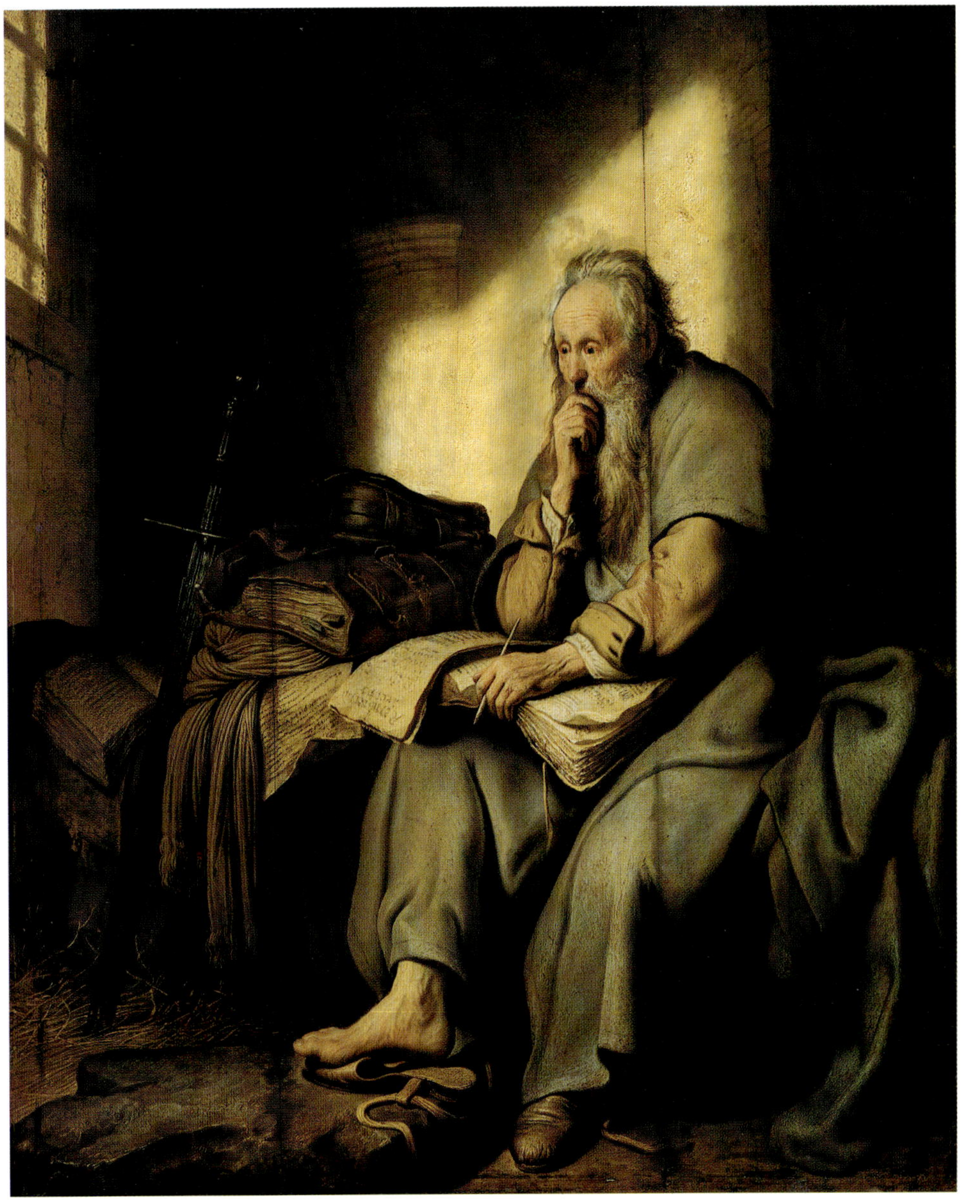

Saint Paul en prison, 1627
Huile sur bois de chêne, 72,8 x 60,2 cm
Stuttgart, Staatsgalerie Stuttgart

importe que le fait que l'observateur placé devant ce tableau est incité à une telle réflexion, à reproduire ce qu'il perçoit du personnage. Par cette amorce de réflexion, il fait dans la réalité l'expérience d'un processus qui, pas plus qu'un mouvement physique, ne peut se produire dans le tableau. Mais à la différence d'un tel mouvement, l'activité que le spectateur perçoit dans le tableau est de même nature que celle qu'il déploie pour cela. Les deux œuvres évoquées ici ne sont pas des cas uniques. Dans le même esprit, Rembrandt a peint sa mère en train de lire, habillée telle que la tradition représentait la prophétesse Anne (*La Prophétesse Anne (La Mère de Rembrandt)*, ill. p. 26). Elle aussi tient un livre sur ses genoux. Posés à plat sur le papier, les doigts guident le regard pendant la lecture. L'observateur peut lui aussi parcourir des yeux les caractères hébraïques. Ce faisant, il se retrouve occupé à la même chose que le personnage du tableau. Une activité intérieure telle que la lecture, la réflexion, le souvenir ou la méditation n'est perceptible qu'à travers les gestes paisibles et ralentis. Même dans les scènes d'action, Rembrandt utilise ces mouvements calmes.

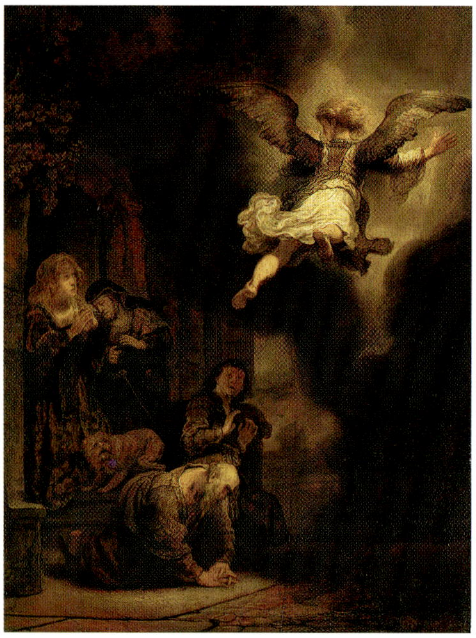

L'ange quitte Tobie et sa famille, 1637
Huile sur bois, 66 x 52 cm
Paris, Musée du Louvre

Bien des prédécesseurs et des artistes contemporains de Rembrandt ont représenté eux-aussi les différents types de mouvements. Mais dès ses débuts, Rembrandt peint les physionomies et les mouvements – surtout les mouvements doux et prolongés évoqués auparavant- de telle sorte que les personnages aient l'air totalement absorbés par leur occupation. Dans ce genre de scène, on ne trouve que très rarement un détail indiquant que le personnage se sait observé. Cette concentration fait paraître le comportement des personnages encore plus naturel. Ils semblent extrêmement lointains, bien que l'art avec lequel ce recul est figuré les rende très présents. Ce sont bien sûr les mouvements calmes et prolongés qui jurent le moins avec l'immobilisme de leur représentation. Pour terminer, il faut aborder un sujet encore plus important que la figuration de la parole : le thème de l'observateur, du témoin, bref le motif du regard sous toutes ses facettes.

Ceci nous ramène aux scènes d'action où les personnages sont nombreux. Dans presque tous ces tableaux, l'artiste a placé des personnages qui suivent l'événement central d'un œil étonné, critique ou approbateur, mais n'interviennent pas dans le déroulement de l'action. Le motif du spectateur à l'intérieur même d'un tableau n'est pas une innovation de Rembrandt. Il a sans aucun doute repris de Lastman ce moyen traditionnel de la composition. Mais il le développe pour en faire un facteur essentiel de sa mise en scène. On a souvent vu dans ce témoin un intermédiaire entre le spectateur extérieur et l'événement représenté. Non seulement le spectateur voit l'événement, mais il voit aussi comment cet événement est perçu par d'autres. Et là encore, en regardant le tableau, le spectateur étranger se retrouve dans la même position que l'observateur intérieur. Rembrandt a découvert dans cette construction du tableau des possibilités inexploitées. Dans son œuvre tardive, cette structure domine la mise en scène et conditionne finalement le tableau lui-même.

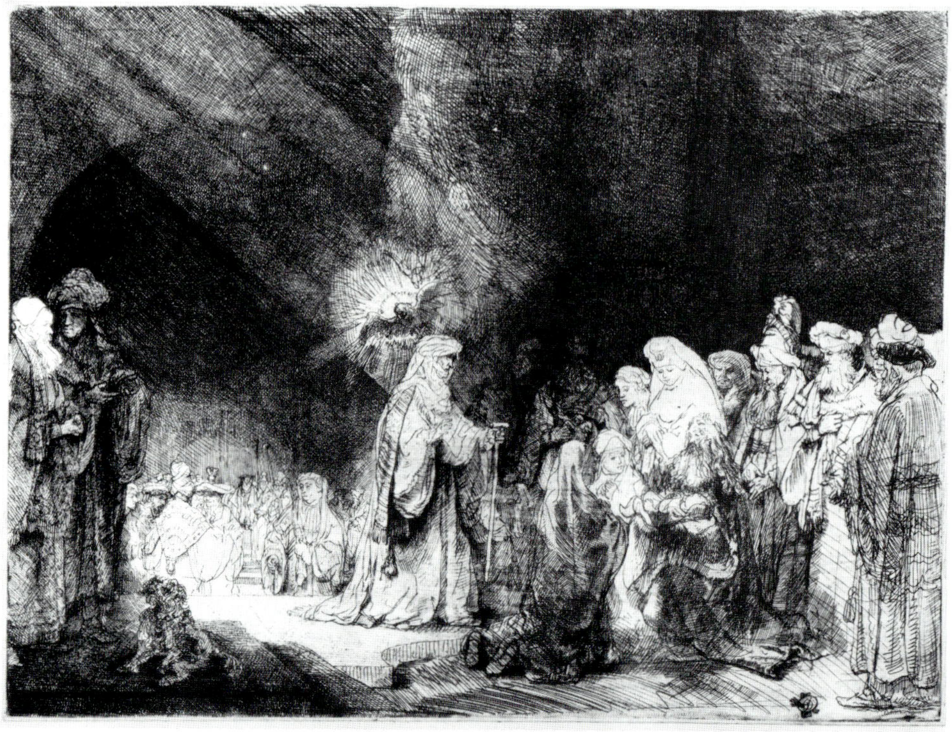

Siméon glorifiant l'enfant Jésus (La Présentation au temple), vers 1640/41
Pointe sèche, Ier état, 21,3 x 29 cm
Londres, The British Museum

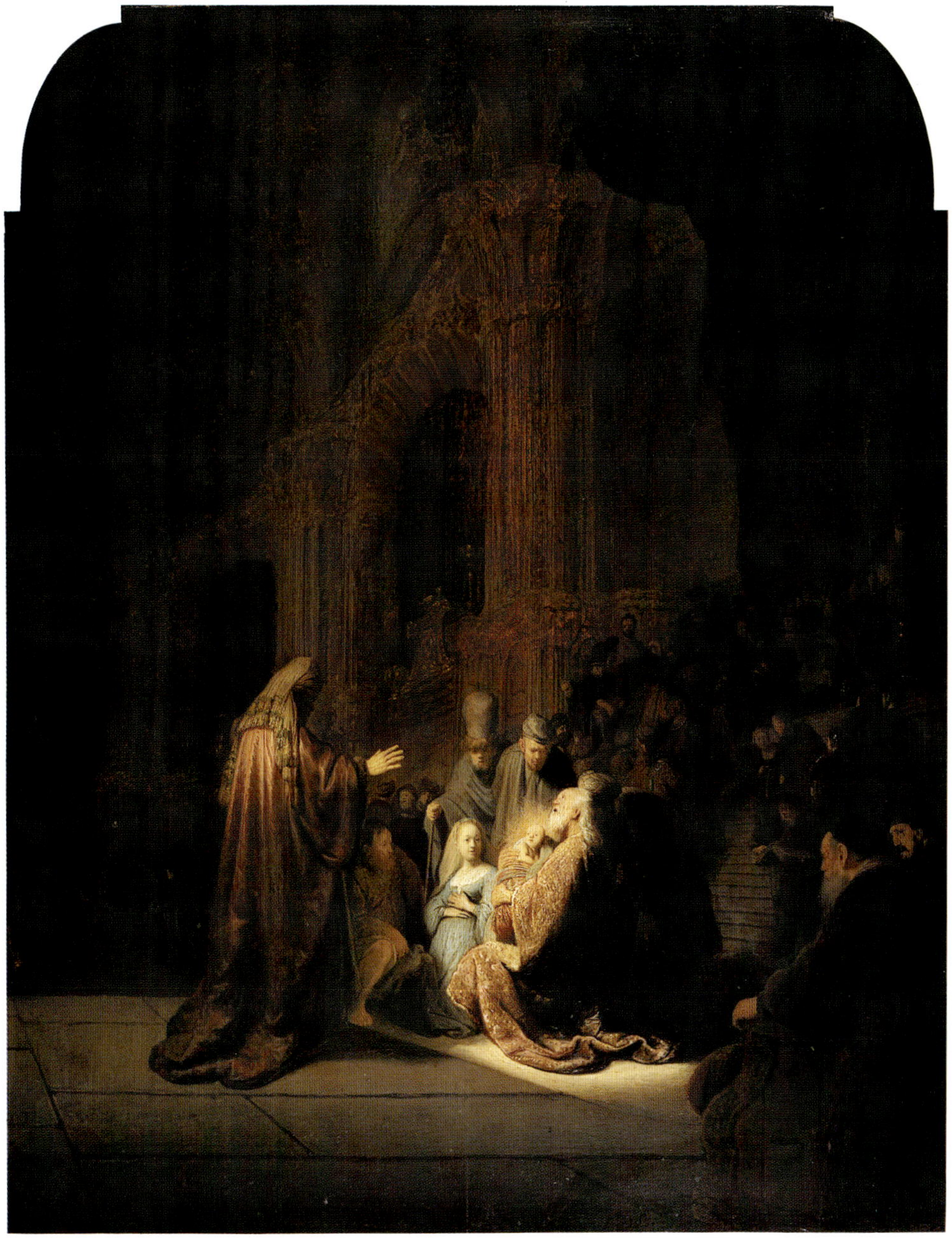

Siméon glorifiant l'enfant Jésus, 1631
Huile sur bois, 60,9 x 47,8 cm
La Haye, Mauritshuis

Au fil de ses créations, Rembrandt combina les gestes vifs de personnages au cœur de l'action, les mouvements paisibles qui s'étirent dans le temps et les gestes en suspens qui marquent le dialogue pour composer des scènes de plus en plus complexes. *Siméon glorifiant l'enfant Jésus* (ill. p. 31) datant de 1631 montre tout un éventail d'actions individuelles et collectives qui se combinent pour intensifier leur effet.

L'évangile de saint Luc rapporte l'histoire du vieux Siméon à qui il fut révélé qu'il ne pourrait mourir qu'après avoir vu le Seigneur. Dans cette attente, le vieillard se rendit au temple. Lorsque Marie et Joseph vinrent, comme le voulait la coutume, y présenter leur premier-né, Siméon reconnut l'enfant, le prit dans ses bras en disant: «C'est maintenant, Seigneur, que vous laisserez mourir en paix votre serviteur, selon votre parole, puisque mes yeux ont vu le Sauveur que vous nous donnez.» (Saint Luc 2, 22-38). Rembrandt représente dans un vaste décor le point culminant de l'événement, l'instant où se produit le miracle. Les personnages centraux sont les premiers intéressés: les parents agenouillés, la prophétesse Anne

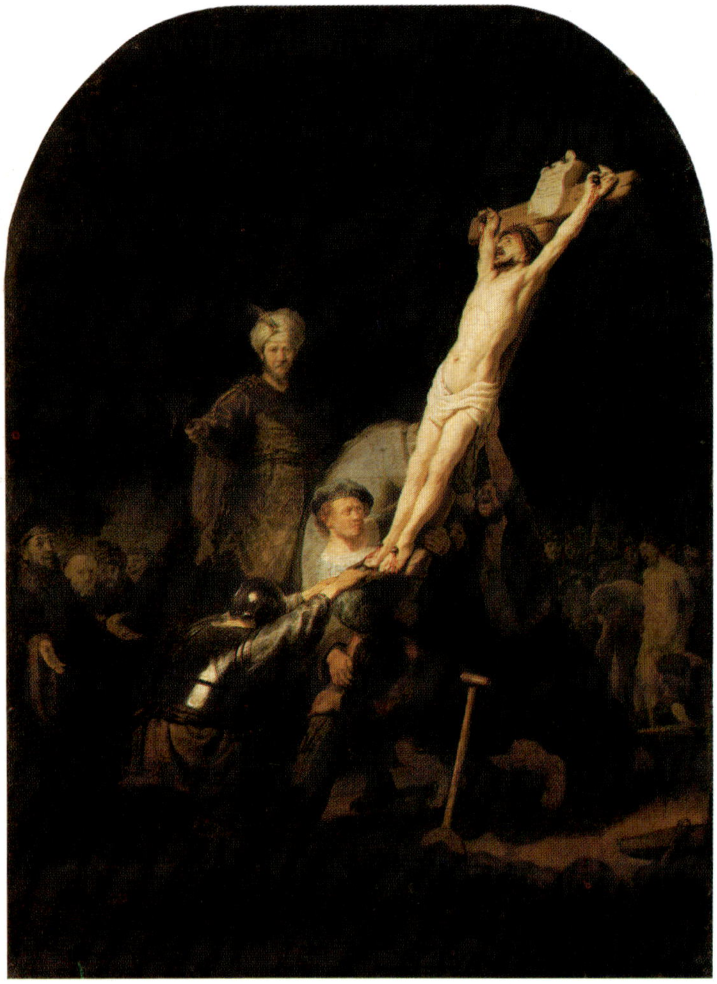

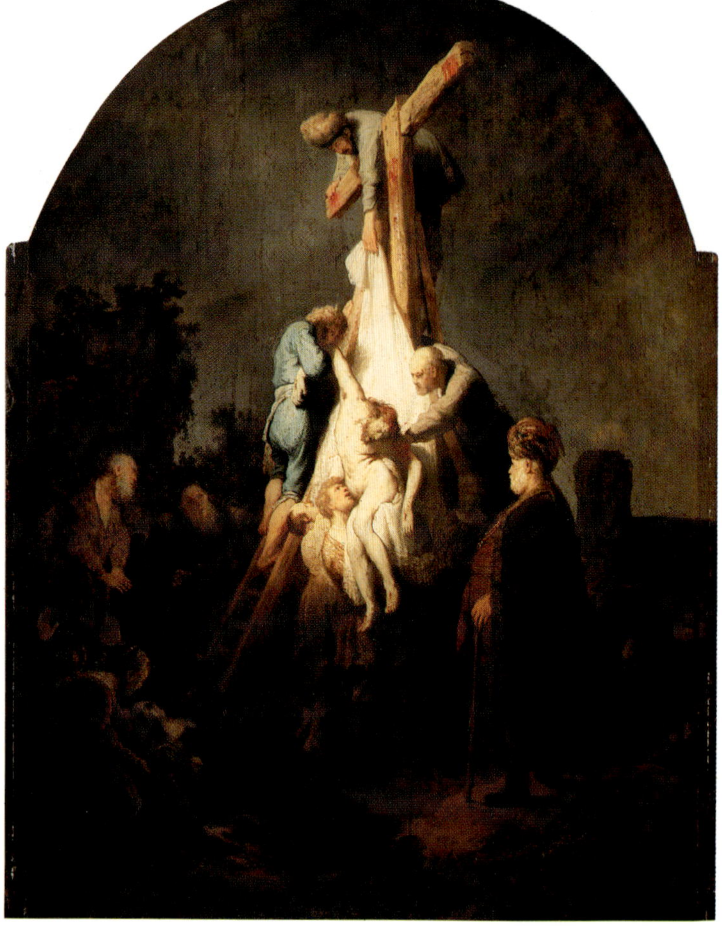

L'Erection de la croix, vers 1633
Huile sur toile, 95,7 x 72,2 cm
Munich, Bayerische Staatsgemäldesammlungen

La Descente de croix, vers 1633
Huile sur bois, 89,6 x 65 cm
Munich, Bayerische Staatsgemäldesammlungen

la main levée. A l'arrière-plan, disséminés dans l'immensité du temple, de nombreuses personnes vont et viennent, seules, par deux ou par petits groupes. Certaines ne remarquent même pas l'événement, d'autres, comme le groupe rassemblé autour du grand prêtre assis à droite sur son trône, suivent avec attention ce qui se passe. Comme dans *Samson aveuglé par les Philistins*, quatre personnages masculins sont disposés dans un ordre qui reproduit l'approche graduelle de l'enfant. L'homme dont la tête se trouve sous la main d'Anne, celui qui s'approche, venant du fond, coiffé d'un haut chapeau, celui qui se tient près des parents et enfin le quatrième, penché sur l'épaule de Siméon agenouillé – ces personnages font la transition entre l'agitation habituelle du temple à l'arrière-plan et la scène centrale dont ils soulignent le caractère extraordinaire. Le point culminant est l'instant où Siméon prononce ses paroles. La prière considérée comme une forme de dialogue donne le ton de cette scène. Mais ce sont encore les manifestations extérieures de l'événement qui prévalent. Les gestes ralentis n'y ont qu'un poids négligeable. Dans cette mise en scène, l'événement est essentiellement présenté sous son angle extérieur.

Les cinq tableaux du cycle de la Passion (ill. p. 32, 33) commandés par le prince Frédéric-Henri et sur lesquels Rembrandt travailla jusqu'à la fin des années 1630 combinent les différents types de gestes à l'instant culminant de l'événement qui est encore présenté essentiellement sous son aspect spectaculaire. *La Résurrection de Lazare* (ill. p. 35) datant de

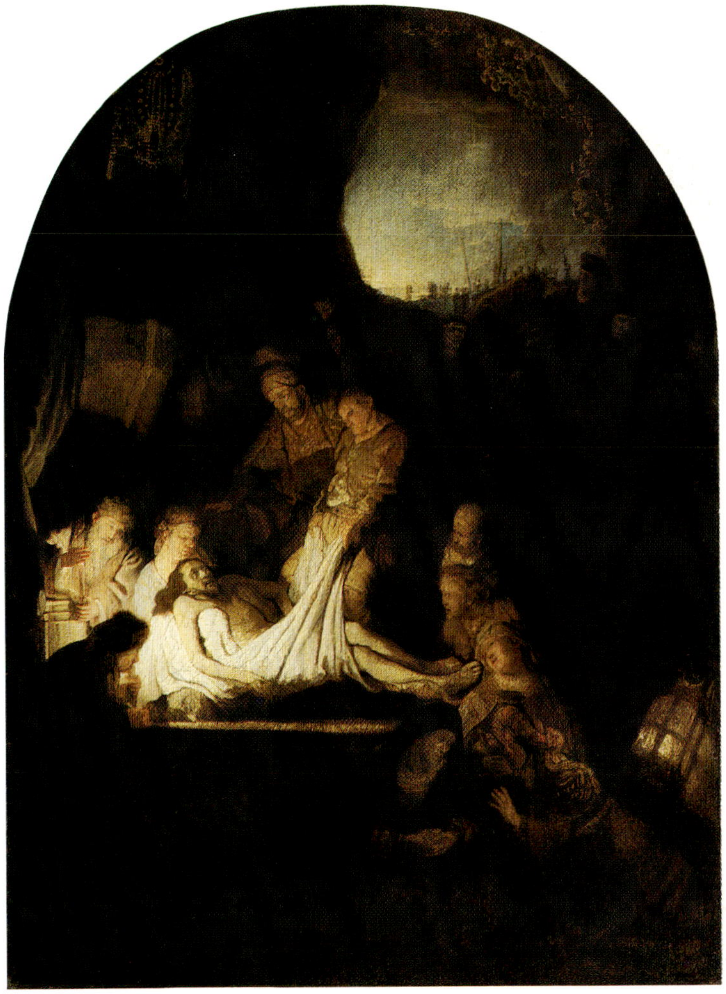

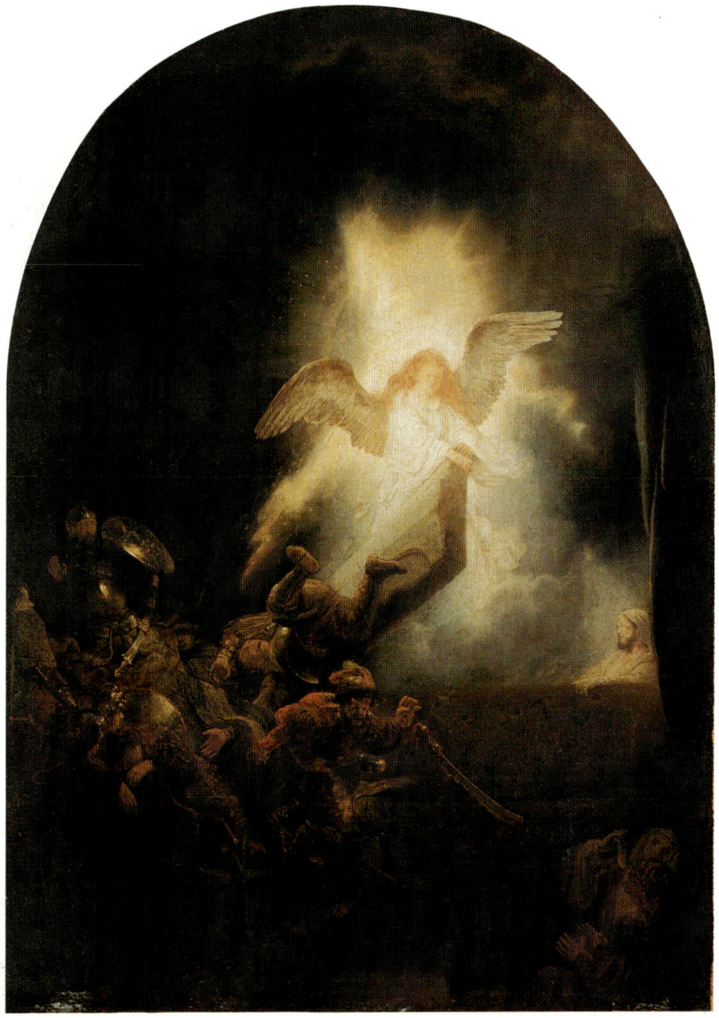

1630-1631 est l'un des exemples les plus significatifs d'une situation poignante dont l'intensité s'exprime pour une grande part dans les gestes figés qui soulignent les paroles, au détriment de l'action et du mouvement.

La gravure *Le Bon Samaritain* (ill. p. 36), déjà évoquée plus haut, compte parmi les quelques scènes qui ne tendent pas vers le summum d'un événement, mais font tout de même intervenir les différentes catégories d'action. Goethe pense que l'homme sauvé par le Samaritain, et que celui-ci aide maintenant à descendre de cheval, reconnaît son agresseur dans le personnage au chapeau à plume qui regarde par la fenêtre. Même si l'on ne partage pas cette interprétation, il est évident que la scène est conçue comme un dialogue. L'homme au chapeau à plume est l'un de ces personnages à qui l'artiste a dévolu le rôle du spectateur. La femme qui tire de l'eau au puits n'est pas concernée par ce qui se passe, elle vaque à sa tâche habituelle. Dans cette même optique, le chien qui fait ses besoins au premier plan remplit également un rôle utile. La banalité du quotidien et la singularité d'un événement exceptionnel se conjuguent ici aussi dans un contexte global qui annexe nécessairement chaque modulation picturale.

La mise en scène de Rembrandt n'est pas seulement axée sur les mines et les gestes des personnages, elle s'étend au cadre de l'action qui est parfois un paysage, mais plus souvent un intérieur. Toutefois, Rembrandt ne

La Mise au tombeau du Christ, vers 1636-39
Huile sur toile, 92,6 x 68,9 cm
Munich, Bayerische Staatsgemäldesammlungen

La Résurrection du Christ, vers 1635-39
Huile sur toile, marouflée sur bois,
91,9 x 67 cm
Munich, Bayerische Staatsgemäldesammlungen

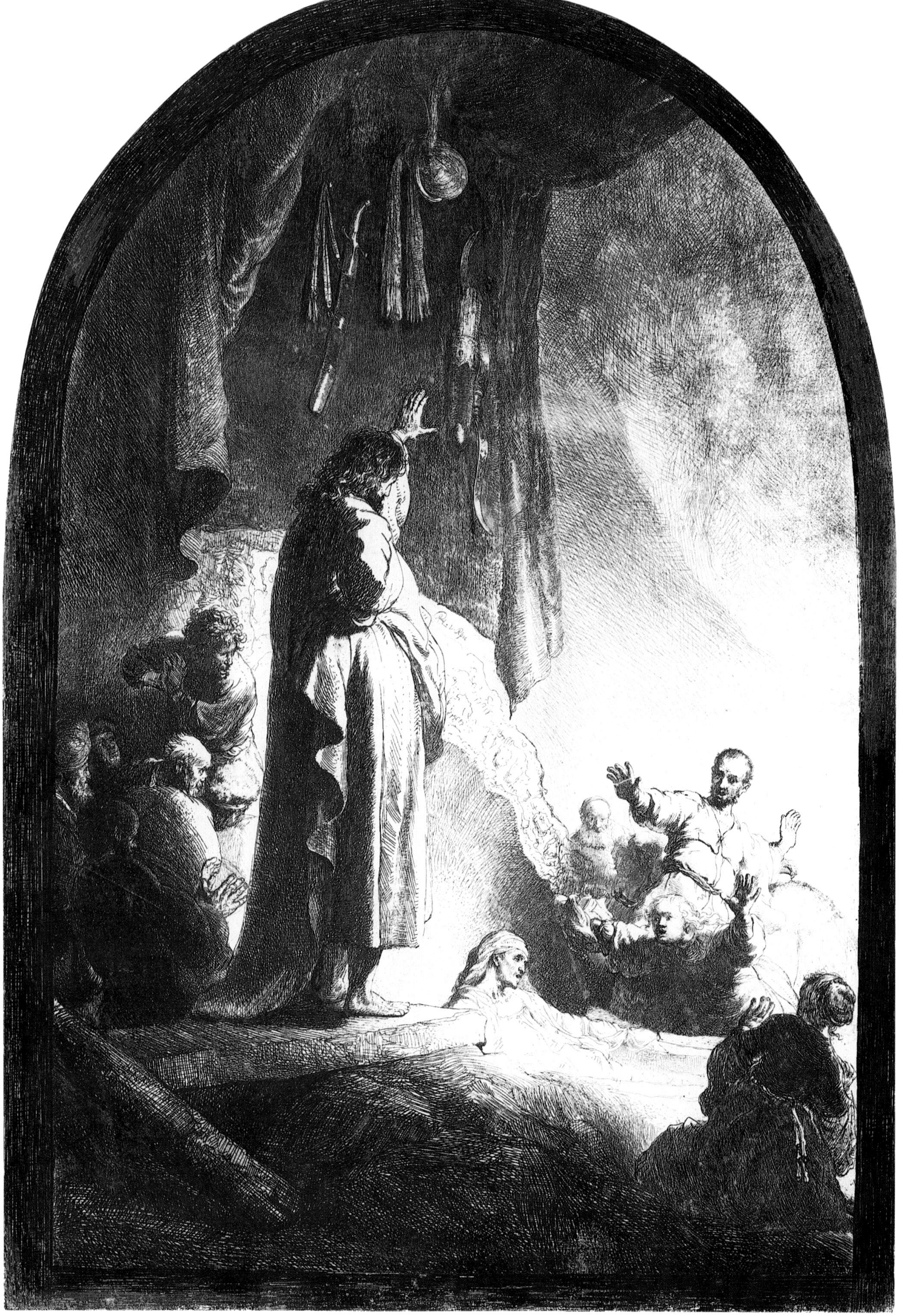

La Résurrection de Lazare, vers 1632
Gravure au burin, IVe état, 36,7 x 25,7 cm
Amsterdam, Rijksmuseum, Rijksprentenkabinet

traite pas l'espace avec la même minutie que les personnages. Dans *Le Prophète Biléam et l'ânesse* (ill. p. 12), le nuage d'où surgit l'ange occupe presque tout le fond du tableau. L'environnement des personnages est parfois insaisissable: dans *Samson aveuglé par les Philistins* (ill. p. 18), il est occulté par les pans de la tente et dans *Siméon glorifiant l'enfant Jésus* (ill. p. 31), les personnages évoluent sous un immense dais et dans un vaste temple reconnaissable à quelques détails, mais aux proportions indéfinissables. Dans ce tableau, les personnages principaux semblent placés sur une estrade et la perspective, volontairement ou non, est dépourvue d'unité. Les personnages du groupe central ne sont pas peints à la même échelle que les autres, ils sont beaucoup plus grands. Il est rare de pouvoir localiser l'endroit où se tient le spectateur par rapport au lieu représenté. Dans *Le Sacrifice d'Isaac* (ill. p. 16), il n'a aucun recul par rapport aux personnages, comme si dans une composition classique comprenant un premier plan, un plan central et un arrière-plan, il manquait le premier plan. Peu d'œuvres de Rembrandt ont un premier plan aussi fouillé que *Le Bon Samaritain* (ill. p. 36). Dans les premières œuvres de l'artiste, l'espace scénique se réduit souvent à un fond servant à mettre en valeur les personnages.

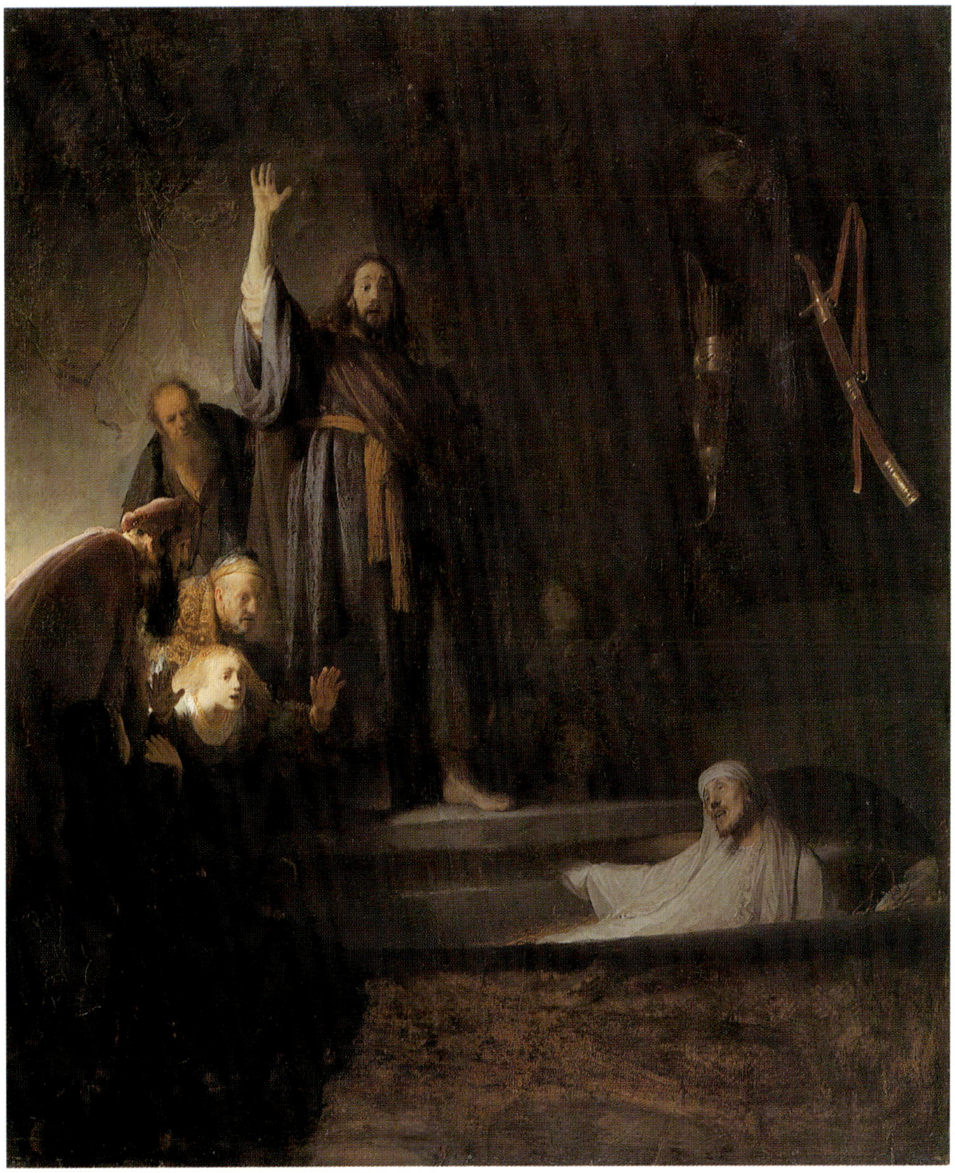

La Résurrection de Lazare, vers 1630/31
Huile sur bois, 96,2 x 81,5 cm
Los Angeles, County Museum of Art

Il en va de même de l'éclairage des tableaux. Les effets de lumière servent à souligner les moments forts de l'action représentée. En général, seuls les personnages principaux sont éclairés, et encore seulement les parties les plus significatives. Le reste de l'espace est obscur. Certes, dans l'utilisation qu'il fait de la lumière, Rembrandt puise dans l'héritage artistique notamment du Caravage, mais surtout, il vise à intensifier l'effet dramatique de la scène et à orienter l'attention du spectateur vers les sentiments et les émotions exprimées par les personnages. L'éclairage des premières scènes peintes par Rembrandt a ostensiblement une fonction de démonstration. L'orientation de la lumière ne correspond d'ailleurs que rarement à une situation naturelle, mais ceci passe le plus souvent inaperçu. Dans *Siméon glorifiant l'enfant Jésus* (ill. p. 31), on peut supposer que les rayons du soleil tombent sur le personnage agenouillé à travers une lucarne percée dans le toit du temple. Mais l'obscurité qui règne dans le reste de l'édifice ne pourrait se justifier que si celui-ci ne possédait aucune autre ouverture. Nous aurons l'occasion de revenir sur d'autres exemples de ce genre, mais déjà, il apparaît que l'éclairage n'a pas pour fonction de rendre perceptible un espace objectif, indépendamment des

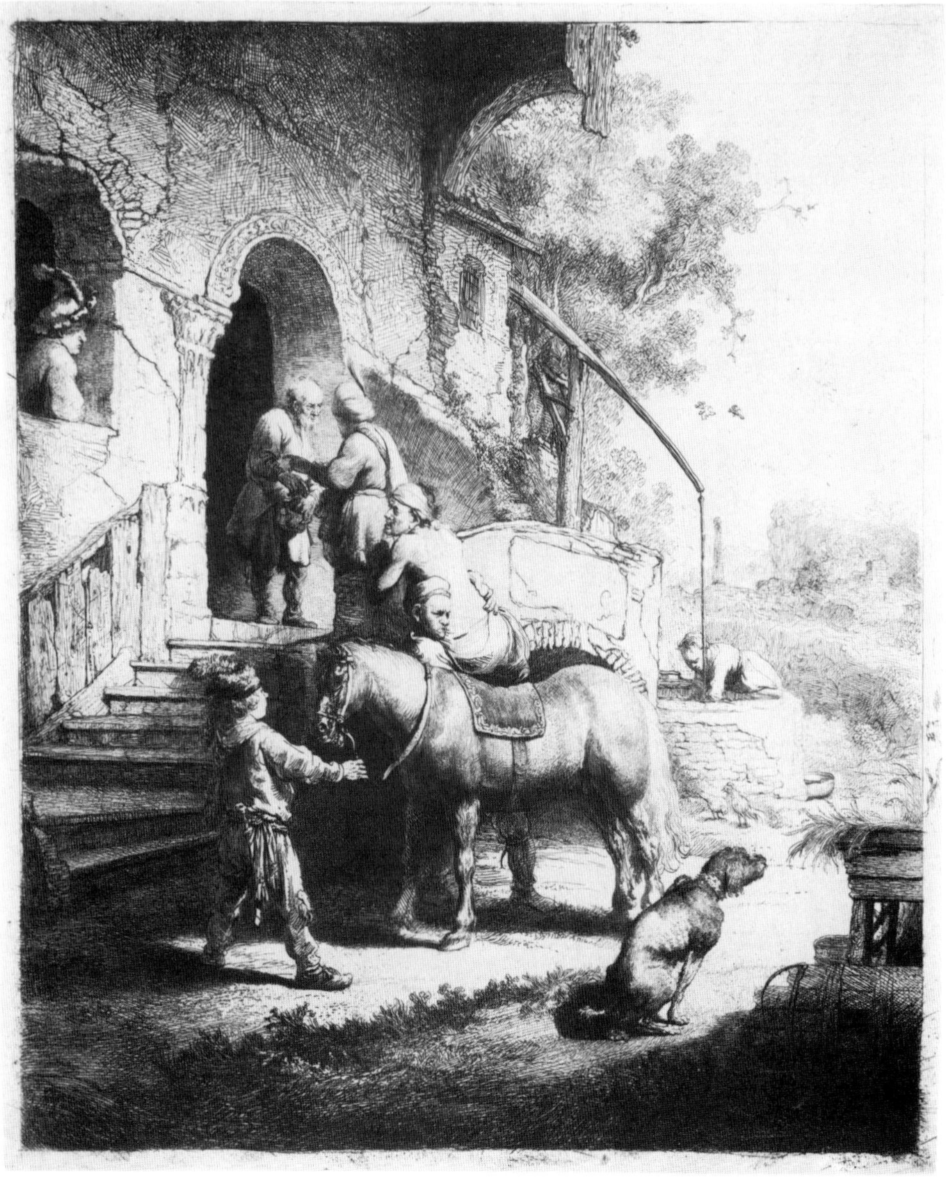

Le Bon Samaritain, 1633
Eau-forte, Ier état, 25,8 x 21,8 cm
Amsterdam, Rijksmuseum,
Rijksprentenkabinet

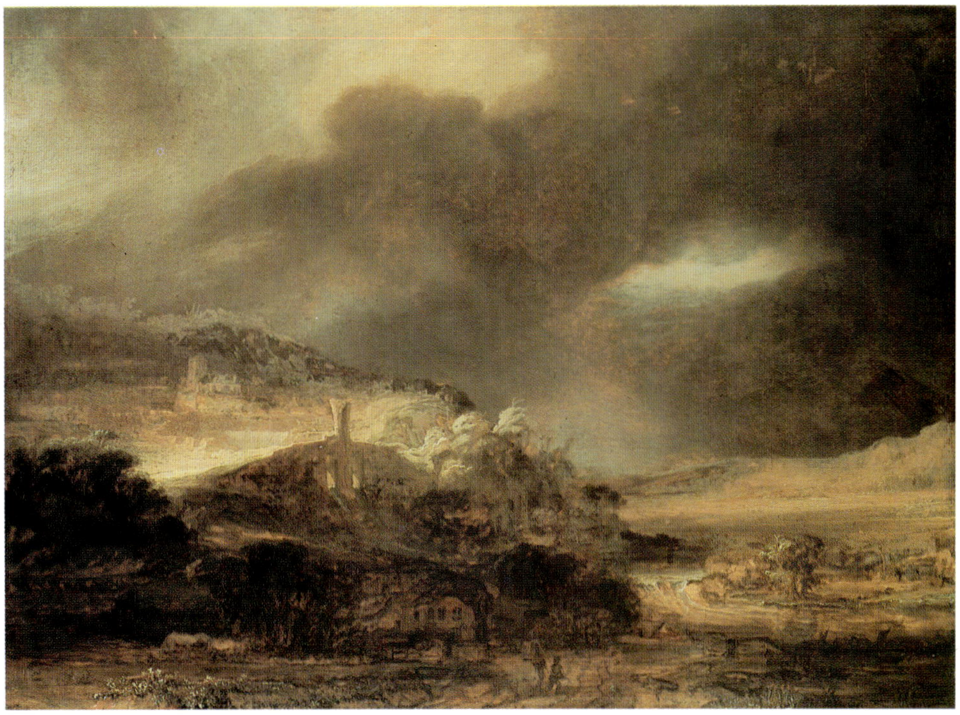

Paysage d'orage, vers 1640
Huile sur bois, 51,3 x 71,5 cm
Brunswick, Herzog Anton Ulrich-Museum

personnages qui l'occupent. L'éclairage remplit une fonction active: il met crûment à jour certains détails ou au contraire en dissimule d'autres dans la pénombre, non pas selon des critères objectifs et empiriques, mais selon les mêmes impératifs de mise en scène que ceux qui s'appliquent aux personnages. La lumière peut même parfois être le support de l'action. Précisons pour lever toute ambiguïté que nous ne parlons pas du clair-obscur, mais bien de la représentation de la lumière qui, par définition, suppose une source d'énergie pour briller, à l'instar du violoniste faisant vibrer les cordes de son instrument pour en tirer des sons. La lumière intervient dans le tableau en tant qu'agent. En figurant une échappée de lumière, l'artiste en montre le mouvement fulgurant. Ailleurs, la lumière se répand en une clarté durable. Dans les paysages de Rembrandt, la lumière rend la nature fugitive, le décor transitoire. Les paysages ne sont pas de simples descriptions topographiques de collines, de chemins ou de bosquets – l'atmosphère et les éclairages changeants métamorphosent le décor en un espace revisité par des émotions personnelles.

C'est en étudiant l'éclairage de ses tableaux que Rembrandt découvre l'aspect fugitif, évolutif et temporel de la lumière. Cette découverte lui permettra plus tard de concevoir son monde iconographique comme un univers en devenir. La douce clarté que l'on trouve dans ses dernières œuvres lui révèle finalement le mystère même de l'apparition.

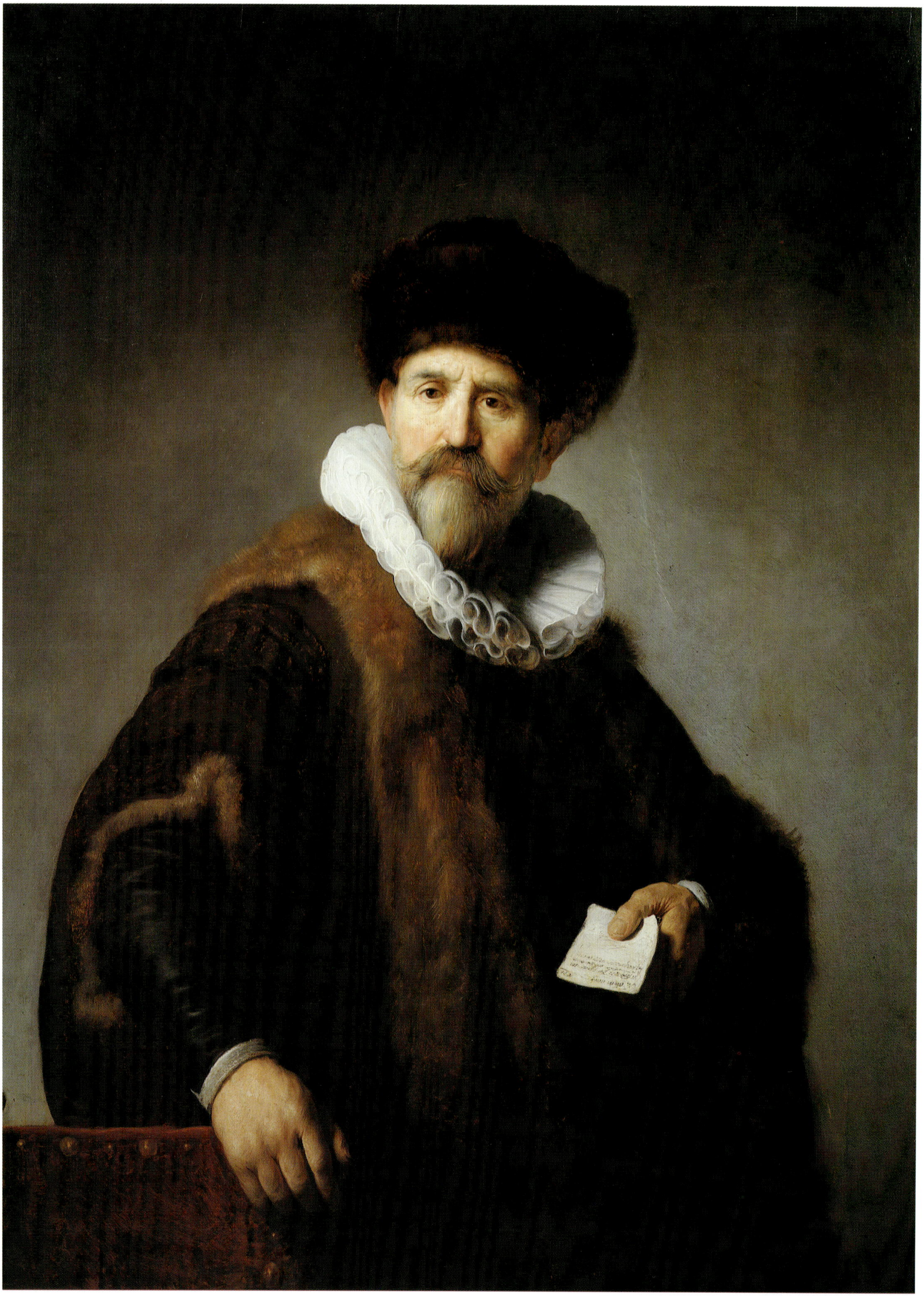

Le portrait – une rencontre

Les premières commandes de portraits vinrent d'Amsterdam. Par rapport aux autoportraits et aux études de têtes antérieurs, les premiers portraits que Rembrandt réalisa en 1631 montrent une nouvelle approche. *Le marchand d'Amsterdam Nicolaes Ruts* (ill. p. 38) est vêtu avec raffinement. Les étoffes sombres chatoient; le manteau et le bonnet sont parés de fourrure moelleuse; la fraise est d'une finesse diaphane. Chaque détail de ce tableau est achevé. Un papier à la main, l'homme se dresse avec assurance devant le spectateur. Comme les nombreux portraits qui devaient suivre, le *Jeune homme taillant sa plume* (ill. p. 40) est d'une grande distinction et d'une facture parfaite. Mais l'attitude du modèle ne correspond pas à la pose traditionnelle du portrait comme c'était le cas pour *Nicolaes Ruts*. Les yeux du personnage sont tournés vers le spectateur, mais à le voir ainsi tailler sa plume nous avons l'impression qu'il vient juste d'interrompre son travail pour se tourner un instant en avant, encore absorbé dans ses pensées.

Tout laisse penser que ces portraits reproduisaient les personnes avec une vigueur et une justesse exceptionnelles. Cette fidélité parfaite au modèle valut au jeune artiste des commandes de plus en plus prestigieuses. Le portrait de Jacob de Gheyn inspira à Constantijn Huygens un distique qui témoigne de l'admiration que vouaient les contemporains de Rembrandt à son art du portrait : «C'est la main de Rembrandt et le visage de Jacob de Gheyn. Tu t'étonnes, lecteur – c'est bien de Gheyn, sans être lui.»[1] Saisir dans la fiction du portrait la présence du modèle – tel était l'idéal auquel parvenait le jeune artiste déjà réputé dans la métropole hollandaise florissante. Le peintre avait poussé la perfection à un degré pratiquement impossible à dépasser. Ici encore, les limites de la peinture telle qu'elle était pratiquée jusqu'alors semblent atteintes.

Et pourtant Rembrandt ne se contente pas de faire ce que ses clients attendent de lui. Il ne tarde pas à s'éloigner des formes conventionnelles pour concevoir ses portraits comme les scènes qu'il avait peintes jusqu'alors. *Le Prédicateur Jan Cornelisz. Sylvius* (ill. p. 39) prêche du haut de son cadre comme s'il était en chaire. La Bible dans laquelle Sylvius a glissé un doigt pour marquer la page d'une citation, sa main ouverte en un geste oratoire et l'ombre de ces deux détails débordent de l'ovale qui entoure le personnage. Ce procédé baroque pour créer l'illusion semble abolir la frontière entre le monde du tableau et celui du spectateur, habituellement matérialisée par le cadre. Les portraits de cette époque qui réunissent

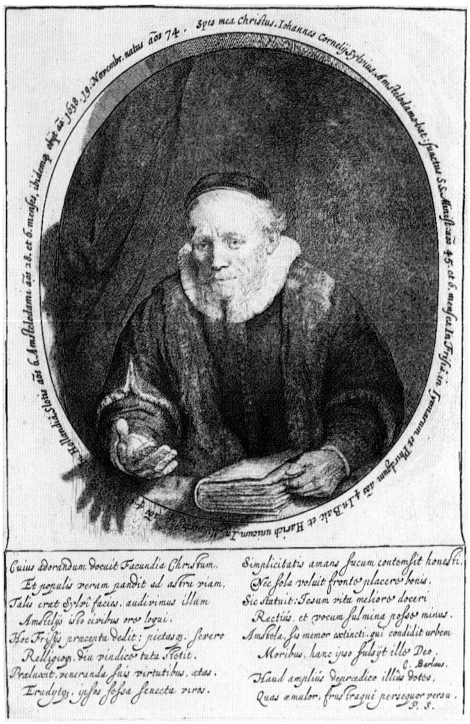

Le Prédicateur Jan Cornelisz. Sylvius (Portrait posthume), 1646
Pointe sèche, IIe état, 27,8 x 18,8 cm
Amsterdam, Rijksmuseum, Rijksprentenkabinet

Le Marchand d'Amsterdam Nicolaes Ruts, 1631
Huile sur bois, 116 x 87 cm
New York, The Frick Collection

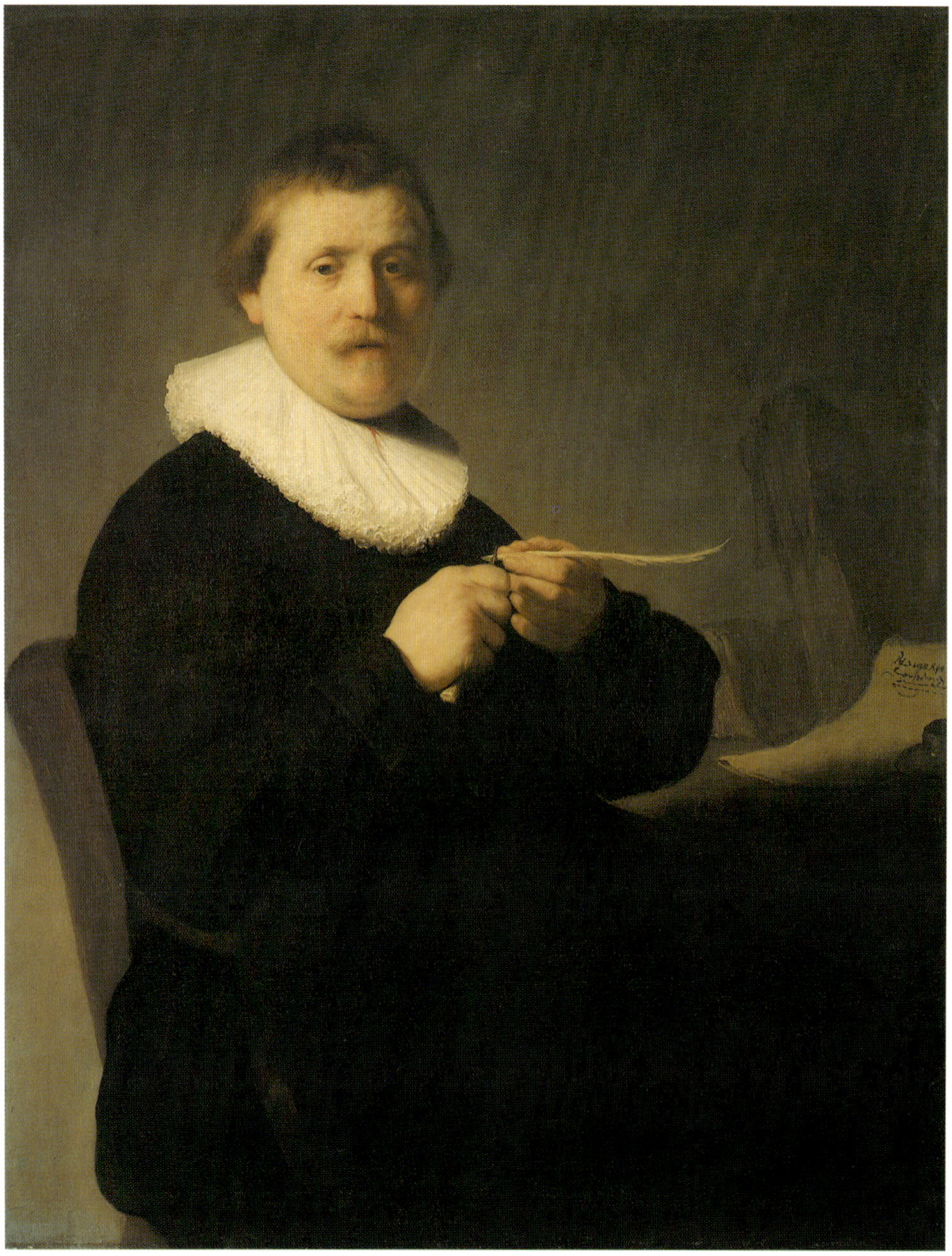

Jeune homme taillant sa plume, vers 1632
Huile sur toile, 101,5 x 81,5 cm
Kassel, Gemäldegalerie Alte Meister,
Staatliche Kunstsammlungen Kassel

deux personnages frappent par leur spontanéité. Ils montrent les modèles dans des situations typiques de leur vie quotidienne (ill. p. 44, 45).

Peu de temps après l'installation de Rembrandt à Amsterdam, le docteur Nicolaes Tulp, président de la guilde des chirurgiens, chargea l'artiste de réaliser un portrait de groupe (ill. p. 42, 43). Il était alors d'usage que les cours d'anatomie se tiennent en public. A la différence de l'enseignement actuel, ils visaient à mettre en évidence la sagesse dont avait fait montre le Créateur en constituant le corps humain. La dissection avait pour objet non pas de vérifier visuellement le bien-fondé de la sagesse consignée dans les ouvrages des Anciens, mais de la confirmer. L'intérêt porté à l'anatomie ne s'était éveillé pleinement qu'au début du XVIIe siècle. Chaque séance de dissection était alors une sensation et les cours étaient fréquentés par un vaste public. La première préparation des muscles et des tendons de la main avait été réalisée par le grand anatomiste Vésale, et Nicolaes Tulp, considéré comme le Vésale d'Amsterdam, jouissait d'une grande considération.

Dès son premier portrait de groupe, Rembrandt rompt avec la forme traditionnelle du genre. Il ne peint pas les personnages alignés les uns à côté des autres, mais les regroupe autour du cadavre dont les tendons de l'avant-bras droit sont mis à nu. A l'aide d'une pince, le chirurgien en soulève quelques-uns pour illustrer ses explications. Contrairement aux autres personnages, Tulp est assis dans un fauteuil et coiffé d'un grand chapeau. Les sept membres de la guilde qui forment son auditoire écoutent l'exposé avec attention et le comportement de chacun est rendu avec une grande vivacité. Rembrandt fait parler les regards: le regard concentré sur l'orateur, le regard critique du connaisseur jaugeant la préparation, le regard qui cherche dans le livre ouvert à droite, au premier plan, la confirmation des paroles du docteur Tulp, ou encore le regard vagabond de celui qui écoute furtivement et le regard perdu dans le vague de l'auditeur concentré sur ce qu'il entend. En assistant à l'exposé du chirurgien tous les personnages partagent la même occupation.

Il ne faut pas oublier une dimension supplémentaire du tableau. Parmi les comportements typiques d'un auditoire, il y a les coups d'œil de connivence qu'échangent des personnes de connaissance pour exprimer leur sentiment sur ce qui se dit et en chercher la confirmation dans les yeux de l'autre. Prenons le docteur qui dépasse tous les autres de la tête. Son regard dirigé droit devant, au-delà de la scène, peut être interprété comme un échange de ce genre, comme une interpellation du spectateur. Celui-ci est ainsi contraint de participer aux activités des acteurs du tableau, d'écouter et de regarder. Il voit même dans l'éventail des gestes et des mimiques qu'il a devant lui tous les comportements possibles qu'il peut adopter, et en fixant l'orateur, en regardant le cadavre, le livre ou les autres personnages, il ne fait pas autre chose que les acteurs du tableau eux-mêmes. Il peut ainsi se projeter dans le rôle de l'auditeur compétent.

Si l'on suppose que Rembrandt a fait un portrait très juste de ses modèles et que le tableau était accroché dans la salle où se réunissaient les membres de la guilde, le spectateur de l'époque devait être stupéfait de tant de véridicité. Le réalisme de cette scène valut au jeune Rembrandt une renommée considérable. Même le cadavre – celui d'un criminel connu, condamné à mort et exécuté – est peint de manière très réaliste et la représentation du bras disséqué correspond aux connaissances anatomiques de l'époque. A la mort de Rembrandt, on a retrouvé parmi ses affaires des moulages en plâtre de bras disséqués par Vésale.

Sans nier l'originalité de la facture, il faut toutefois remarquer que les comportements des personnages sont typiques du contexte évoqué dans le tableau et que certains traits sont plus accusés qu'il n'était vraiment nécessaire, faisant ressortir d'autant plus l'état d'esprit des personnages. Pour le spectateur d'aujourd'hui, cette exagération trahit une propension à la pose dont Rembrandt se défit définitivement bien plus tard. Malgré cela, la fascination exercée par ce tableau depuis sa création est si puissante que le spectateur remarque à peine que la scène ne peut en fait guère se mesurer à une situation réelle.

Les personnages sont si rapprochés les uns des autres qu'on ne saurait dire s'ils sont debout ou assis, ni où ils se tiennent. Ainsi serrés les uns contre les autres, ils n'ont d'ailleurs pas la place de bouger. Même mis en perspective, il n'est pas possible de situer le groupe dans l'espace qui l'environne. La salle représentée ne semble pas exiguë, et pourtant les person-

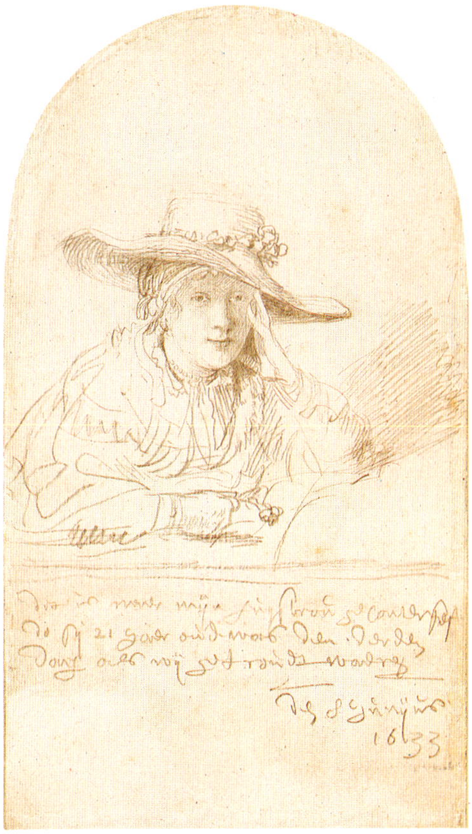

Saskia, 1633
Dessin à la pointe d'argent sur vélin blanc, 18,5 x 10,7 cm
Berlin, Kupferstichkabinett, Staatliche Museen Preußischer Kulturbesitz

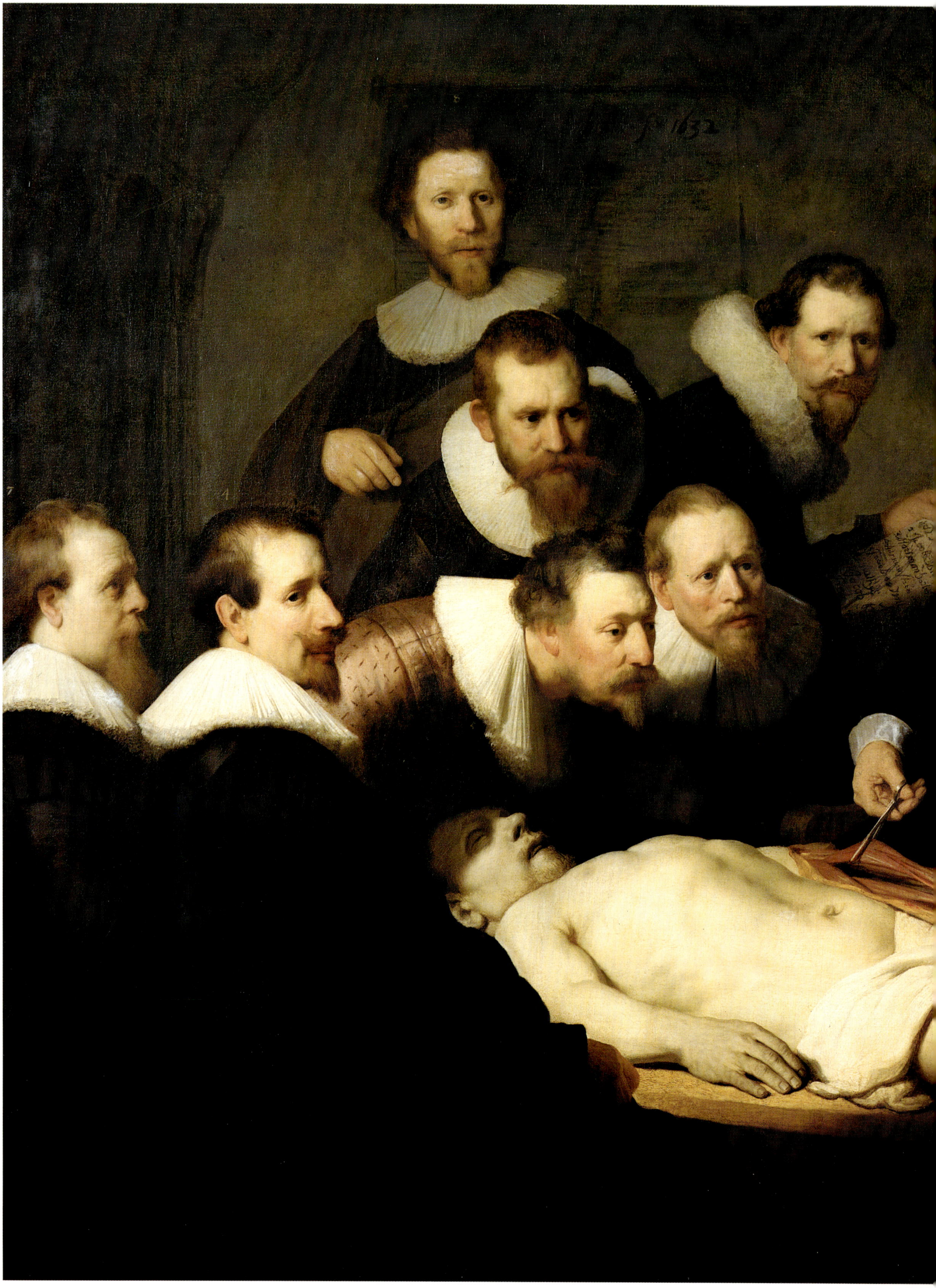

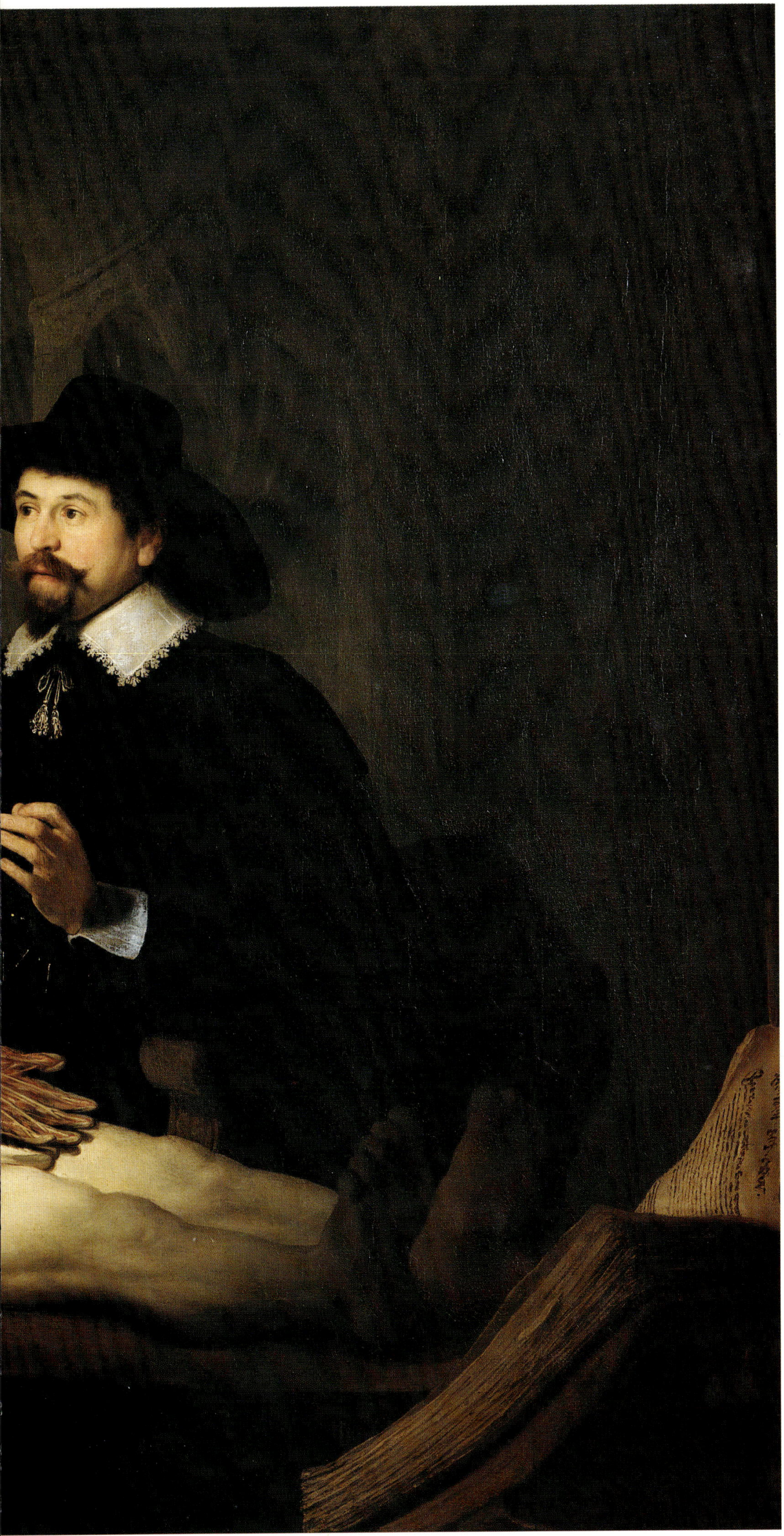

La Leçon d'anatomie du docteur Nicolaes Tulp,
1632
Huile sur toile, 169,5 x 216,5 cm
La Haye, Mauritshuis

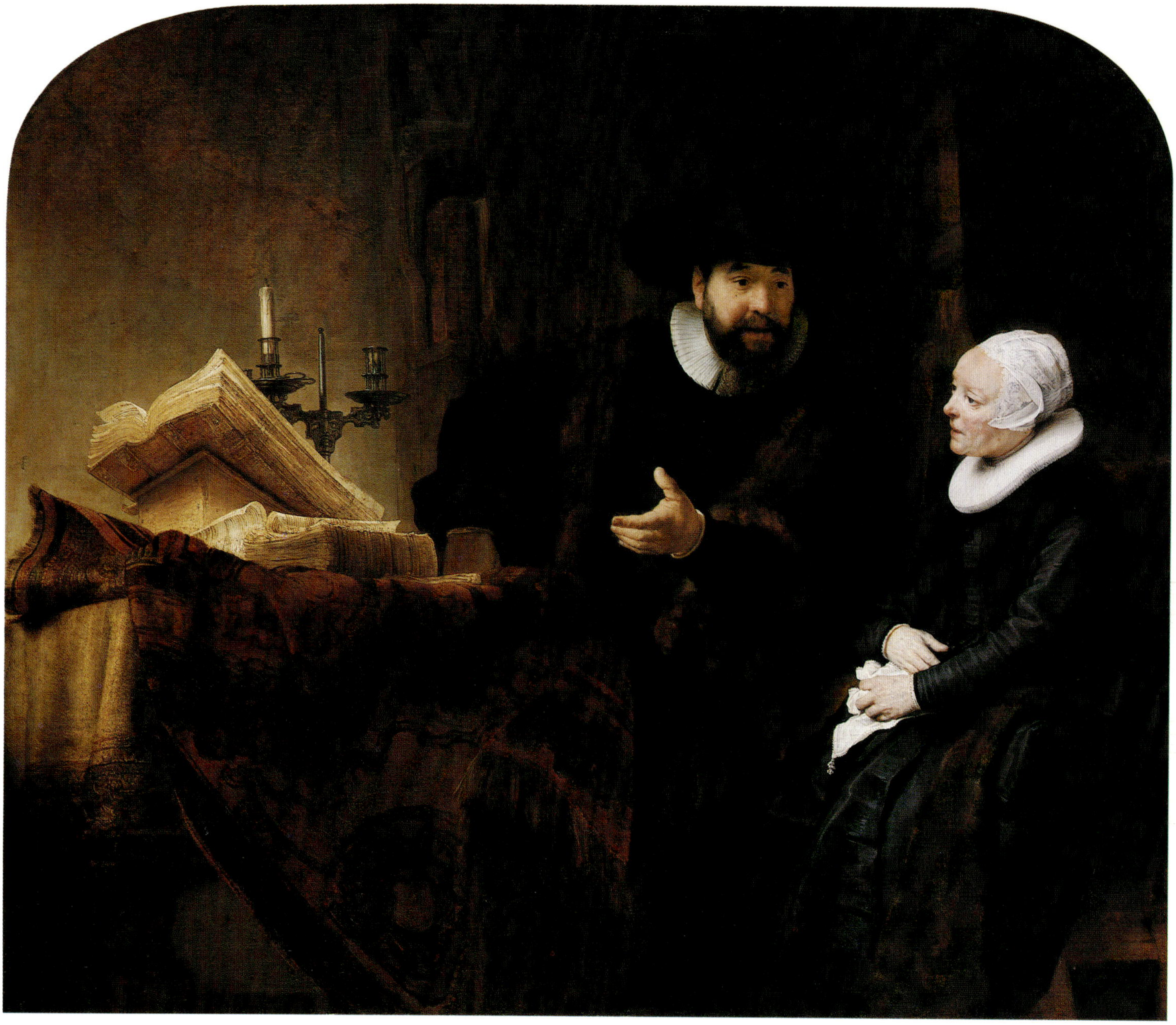

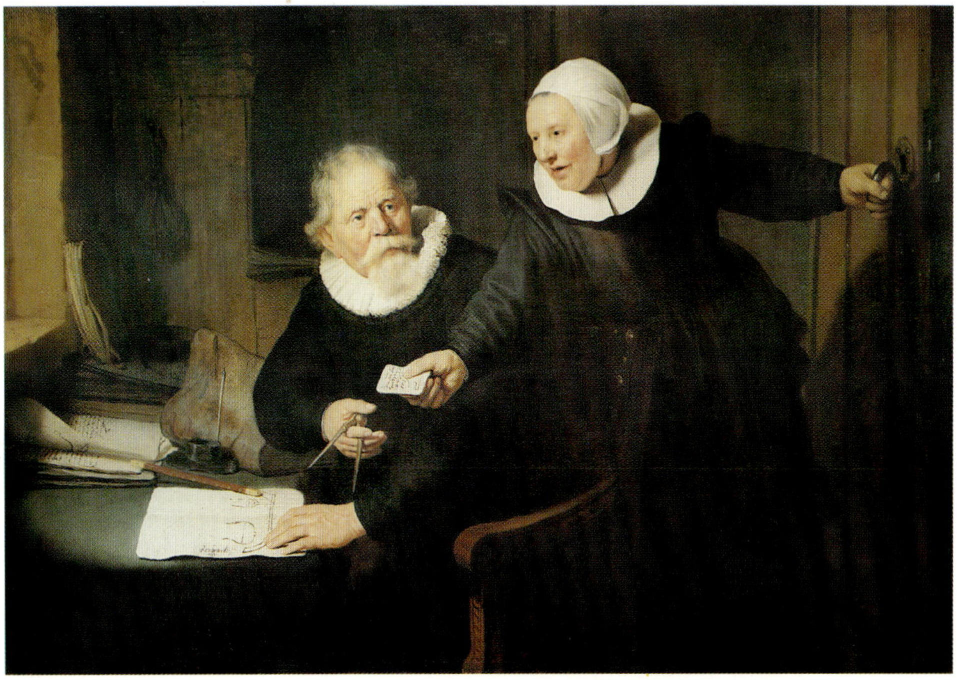

Jan Rijcksen et Griet Jans, 1633
Huile sur toile, 111 x 166 cm
Londres, The Royal Collection, Copyright reserved to Her Majesty Queen Elisabeth II

Le Prédicateur mennonite Cornelis Claesz. Anslo conversant avec sa femme Aaltje, 1641
Huile sur toile, 176 x 210 cm
Berlin, Gemäldegalerie, Staatliche Museen Preußischer Kulturbesitz

nages la remplissent presque entièrement. La plupart d'entre eux sont vus d'en bas. Mais où peut-on se trouver pour les percevoir sous cet angle ? Il est également difficile de déterminer la place du spectateur par rapport à la scène dans laquelle il est pourtant fortement impliqué. L'intensité du moment est certes soulignée par l'agglutination des personnages, mais le réalisme de l'action est obtenu au détriment des autres composantes de la réalité. La vraisemblance des faits occulte l'invraisemblance de la représentation spatiale. C'est l'action elle-même – le cours magistral – qui unit les personnages et non pas le cadre de cette action. Finalement, ce lieu n'est pas la salle de cours, mais bien le tableau lui-même. L'objet essentiel de cette toile reste donc malgré tout les huit bustes rassemblés en un portrait de groupe. Les membres de la guilde souhaitaient se voir dignement représentés et cela explique également la raréfaction des commandes à mesure que les portraits de Rembrandt servirent de moins en moins de faire valoir au personnage, jusqu'à ce que celui-ci soit finalement entièrement absorbé dans son occupation, dans l'événement de la rencontre.

D'une autre manière encore, Rembrandt met dans un portrait l'animation d'un événement. Parfois, il assigne à son modèle un rôle dans une «histoire». Le jeune artiste s'acheminait vers l'apogée de sa carrière, il était déjà membre de la guilde de Saint-Luc d'Amsterdam et devait deux ans plus tard porter plainte en diffamation pour défendre sa femme que l'on accusait de dilapider sa dot. C'est à cette époque qu'il se représenta dans un tableau intitulé *Le Fils prodigue au bordel* (ill. p. 47) vêtu de velours, de brocart et de soie, portant dague et chapeau à plume, levant bien haut son verre, Saskia sur les genoux. Bien avant cette toile, il avait représenté sa mère en prophétesse Anne. A la fin de sa vie, il peignit son fils Titus et sa belle-fille en Isaac et Rébecca. Et inversement, dans son œuvre tardive, il représenta des figures de l'histoire universelle comme Aristote, Homère ou le vieux Siméon de manière si individuelle que le portrait prend la force d'une rencontre personnelle. Dans les dernières œuvres de Rembrandt, peinture d'événement et portrait se confondent.

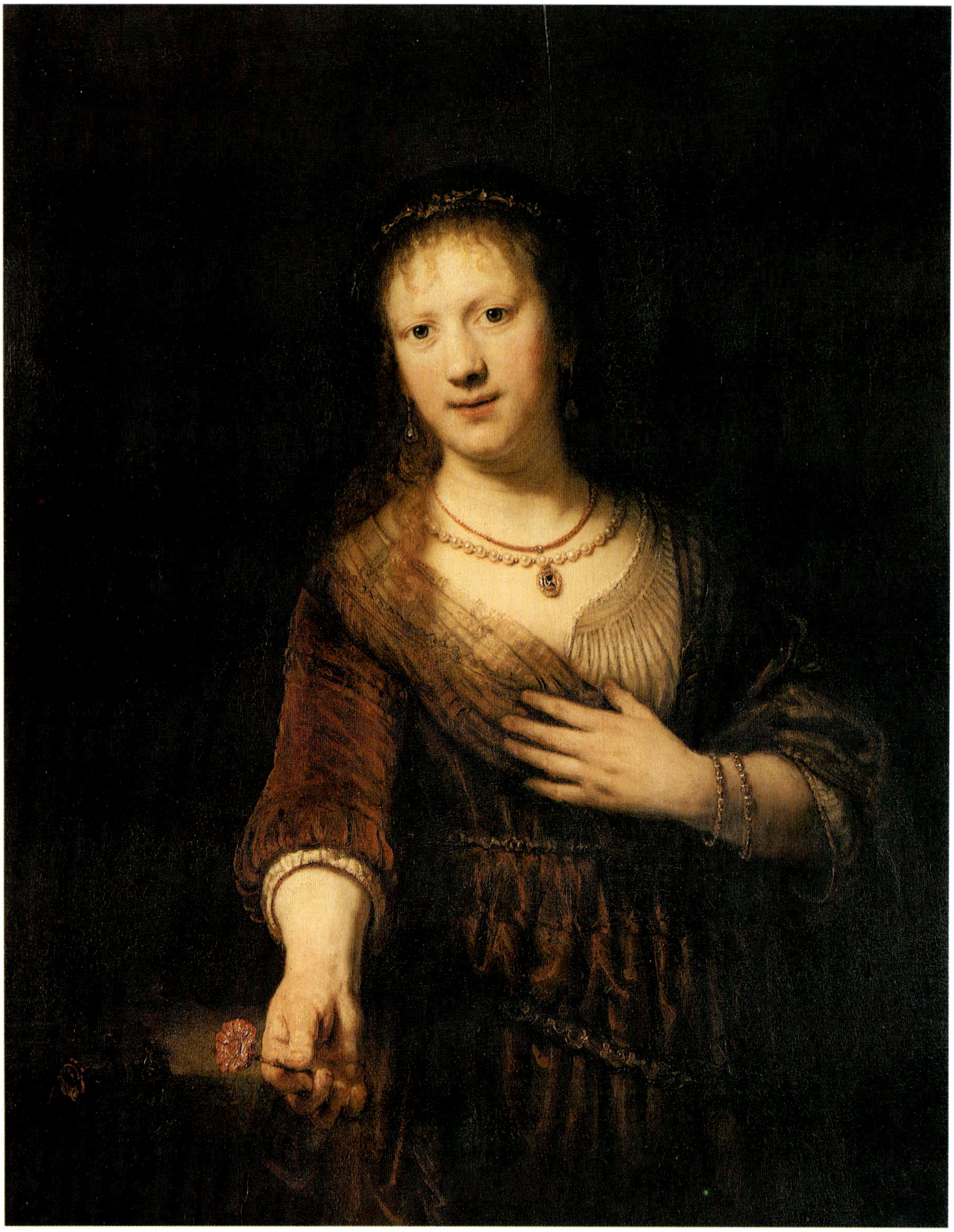

Saskia en Flore, 1641
Huile sur bois de chêne, 97,7 x 82,2 cm
Dresde, Gemäldegalerie Alte Meister,
Staatliche Kunstsammlungen Dresden

Rembrandt et Saskia dans la scène du fils prodigue au bordel, vers 1635
Huile sur toile, 161 x 131 cm
Dresde, Gemäldegalerie Alte Meister,
Staatliche Kunstsammlungen Dresden

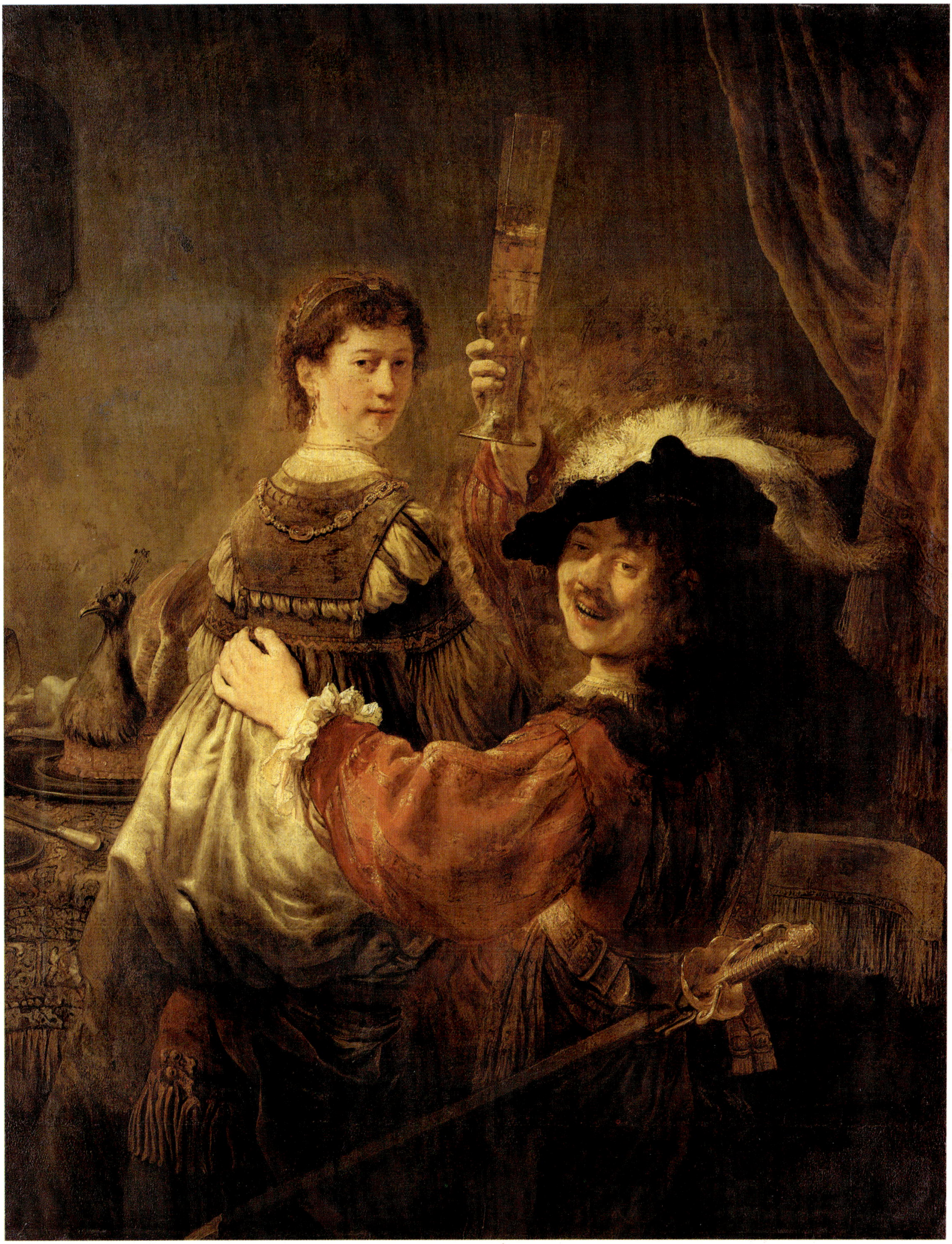

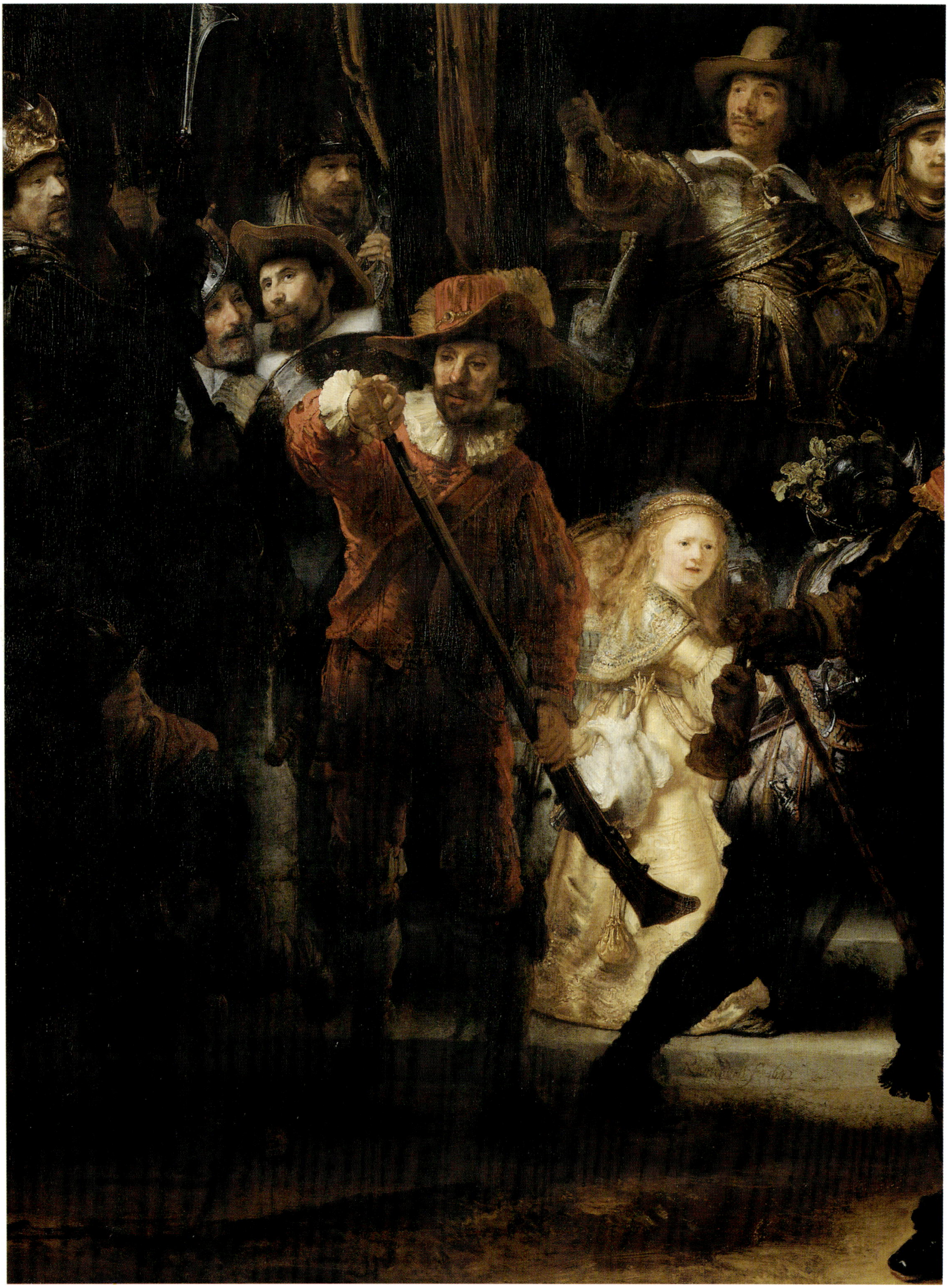

Comprendre pour voir: La Ronde de nuit

La Ronde de nuit (ill. p. 50/51) condense toute la création antérieure de Rembrandt et marque en même temps un nouveau départ. Dans la plus célèbre de ses œuvres, le peintre déploie une virtuosité qui aujourd'hui encore ne cesse d'étonner et de fasciner. L'exécution des détails – l'éclat des métaux, le chatoiement des étoffes, les nombreux accessoires – et la composition des physionomies expressives, des gestes précis et des éclairages éblouissants sont portées au plus haut degré de la perfection artistique. Il n'est pas une possibilité de la représentation figurative qui ne soit exploitée. L'album du capitaine Frans Banning Cocq, «seigneur de Purmelandt et d'Ilpendam», contient une copie de *La Ronde de nuit* accompagnée de cette légende «esquisse de la toile accrochée dans la grande salle de la Cloveniersdoelen (N.B.: maison de la guilde des arquebusiers) montrant le jeune seigneur de Purmerlandt donnant à son lieutenant, monsieur van Vlaerdingen, l'ordre de départ de sa compagnie» (ill. p. 49). A l'époque, le tableau n'avait pas d'autre titre; l'appellation *Ronde de nuit* n'apparut qu'au début du XIXe siècle. La copie montre la toile telle qu'elle était exposée dans la salle des fêtes de la guilde des arquebusiers parmi six grands tableaux d'autres artistes, également consacrés aux Cloveniers. Au début du XVIIIe s., la toile de Rembrandt fut découpée pour être accrochée dans une salle de l'hôtel de ville de dimensions plus modestes. Mais quel effet spectaculaire devait produire cette œuvre gigantesque qui mesurait à l'origine près de quatre mètres sur cinq! Quelques-uns des personnages ne se trouvèrent cependant pas mis en valeur autant qu'ils avaient escompté. Dans un panneau ovale appliqué sans grande recherche dans le coin droit de l'arcade, Rembrandt rajouta ultérieurement la liste des noms qui n'apparaît pas encore sur la copie.

D'emblée, il est évident que Rembrandt choisit de déployer l'action générale au détriment de la fidélité des portraits. Le premier plan est dominé par le capitaine et son lieutenant. La main tendue en avant et la bouche légèrement ouverte du capitaine nous indiquent qu'il est en train de parler. Il marche sans regarder le lieutenant qui écoute ses ordres. A droite et à gauche du porche, d'autres personnages bavardent. Au milieu, le porte-enseigne brandit le drapeau de la compagnie. Des hommes coiffés de casques ou de chapeaux sont armés d'épées et de piques, certains sont équipés de rondaches ou de hausse-cols. Quelques hommes se saisissent de piques appuyées à droite contre le mur du bâtiment. D'autres sortent de sous le porche et se fraient un passage à travers l'attroupement. Sur le de-

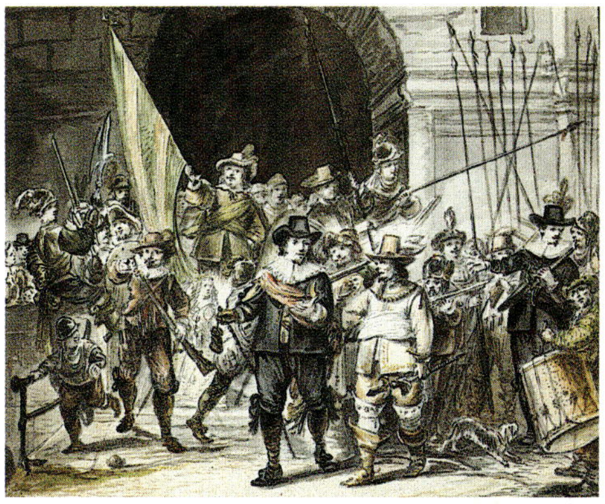

Copie de *La Ronde de nuit*
Page de l'album de famille de Frans Banning Cocq, vers 1650
Aquarelle, 14,2 x 18 cm
Amsterdam, Rijksmuseum

Détail de *La Ronde de nuit*

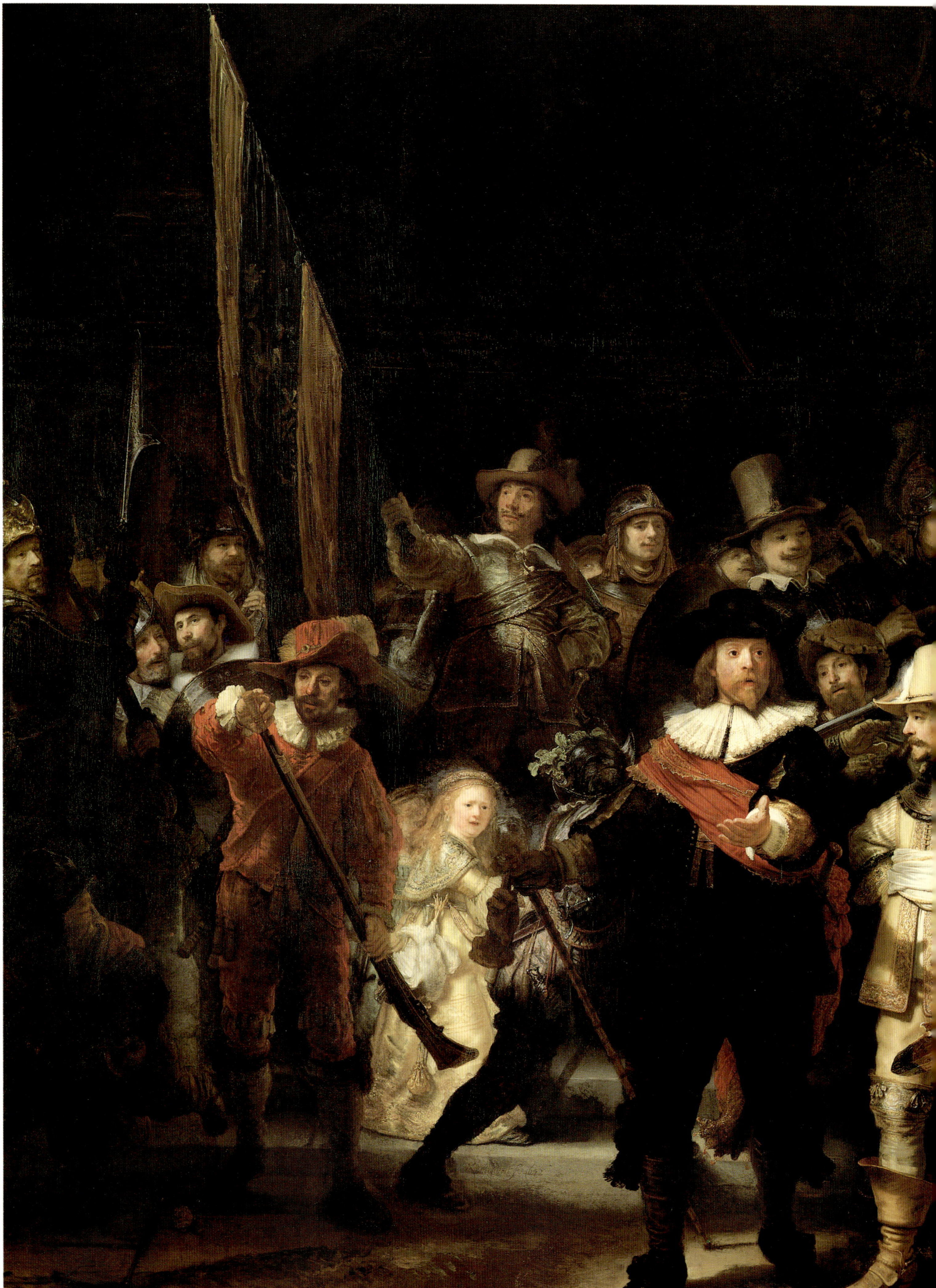

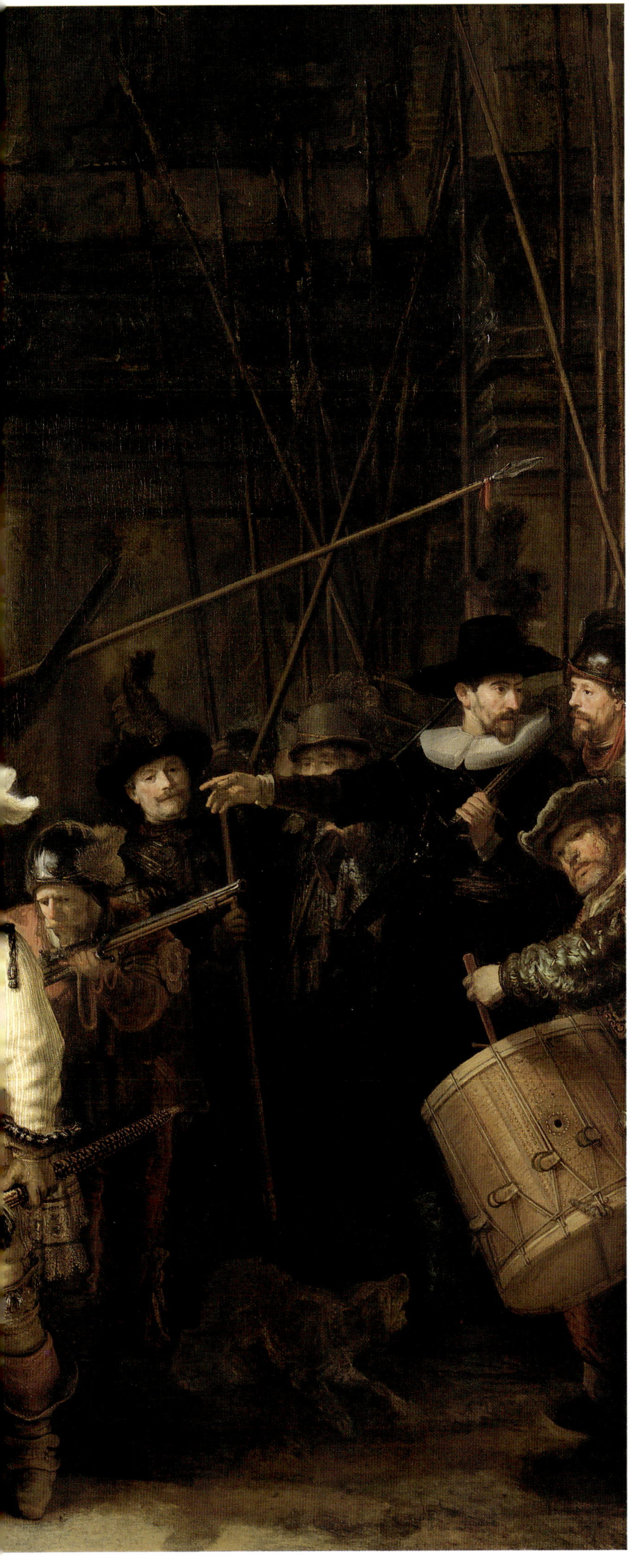

Le capitaine Frans Banning Cocq donnant à son lieutenant l'ordre de départ de sa compagnie (dite *La Ronde de nuit),* 1642
Huile sur toile, 363 x 437 cm
Amsterdam, Rijksmuseum

vant, à gauche, un jeune garçon est coiffé d'un casque bien trop grand pour lui; un cornet à poudre vide à la main, il s'enfuit en se retournant à demi. Près de lui, un tireur en habit rouge charge son fusil. A sa droite, montré de côté et à moitié caché par le capitaine, un personnage en pantalon bouffant, portant un casque couronné de feuilles de chêne se dirige à grandes enjambées vers la droite en levant son fusil dont on voit la gueule entre le capitaine et le lieutenant. Derrière lui, un homme en relève le canon de la main pour éviter tout danger. Tout près du plumet blanc qui orne le chapeau du lieutenant, une vive lueur surgit à la gueule du fusil: le coup de feu vient de partir. A droite du lieutenant, un vieil homme souffle sur le bassinet de son arme pour en éliminer la poudre brûlée. A l'extrême droite du tableau, le tambour essaie son instrument, et son roulement effraie le chien qui recule en rentrant la tête. Deux personnages féminins sont également présents dans la scène: l'un en robe dorée tenant à la main une corne à boire, portant à la ceinture une bourse et un poulet mort accroché par les pattes, et l'autre presque entièrement dissimulé derrière.

Toutes les variantes de mouvements sont représentées. Les mouvements vifs – le petit garçon qui court, le commandant et le lieutenant qui marchent – inscrivent cette scène dans un présent immédiat souligné par le coup de feu. Nous y trouvons également les gestes suspendus des personnages en conversation, les attitudes paisibles du porte-drapeau figé dans sa pose et des personnages qui attendent, attentifs à ce qui se dit ou à ce qui se passe autour d'eux.

L'éclat des lumières magistralement disposées et quelques ombres marquantes intensifient encore l'impression d'une scène prise sur le vif. Observons en particulier l'ombre de la main tendue du capitaine sur l'uniforme du lieutenant. Ce procédé suggère la vivacité du mouvement, mais il crée également l'illusion que cette scène, telle qu'elle se présente, pourrait tout à fait se produire en dehors du tableau.

L'artiste représente les occupations les plus variées: ici on charge le fusil, on tire et on souffle sur le bassinet, là on présente le drapeau, ailleurs encore on se saisit d'une arme et on roule du tambour. Toutes ces activités identifient le groupe comme une compagnie d'arquebusiers, mais en même temps chacun vaque à ses occupations habituelles et semble faire ce que bon lui semble sans se préoccuper de ce qui se passe tout autour. Dans ce tableau, c'est encore la parole qui apporte une cohésion aux activités les plus diverses. Si nous nous en tenons à la légende qui figure dans l'album de Banning Cocq, le peintre a fixé sur la toile l'instant où le capitaine est en train de donner l'ordre du départ. Le lieutenant ne l'a pas encore transmis à ses hommes et personne d'autre ne l'a remarqué. Il revient à présent au lieutenant de donner ses instructions à la compagnie. C'est cette chronologie qui donne tout son piquant à la mise en scène du tableau. En effet, dans la situation choisie, chaque individu est partie prenante de l'événement par le simple fait de vaquer à son occupation coutumière sans chercher à s'intégrer dans l'ensemble. Seule cette dispersion des activités peut traduire l'instant qui précède immédiatement l'ordre du rassemblement. Rembrandt en profite pour montrer dans toute leur variété les gestes habituels des arquebusiers sans toutefois négliger la cohésion du groupe à travers l'épisode présenté. Pour Christian Tümpel,

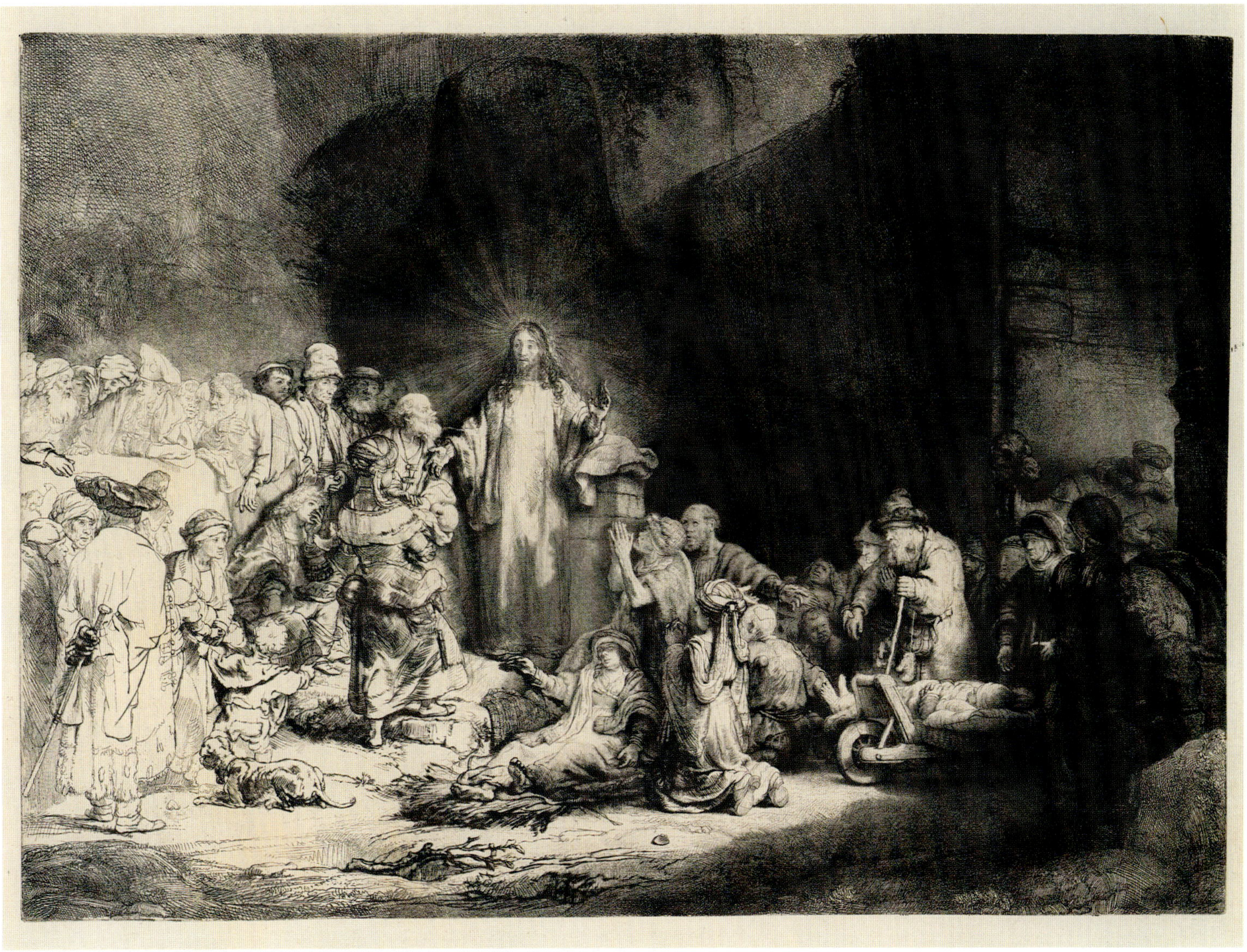

le tableau représente les arquebusiers au moment «où la compagnie s'ébranle et où les rangs commencent à se former»[2]. Cette supposition signifierait que le lieutenant ou d'autres seraient déjà en train de mettre à exécution l'ordre de rassemblement. Il est toutefois plus plausible que le moment choisi par Rembrandt est celui qui précède la formation des rangs, lorsqu'il est encore permis à chacun de faire ce qu'il veut. Une fois de plus, mais ce sera l'une des dernières scènes de ce genre, Rembrandt profite de ce que ses personnages ne se sont pas encore coulés dans l'uniformité d'une troupe en marche pour déployer son art de rendre le mouvement sous toutes ses facettes.

Les circonstances présentées donnent matière à diverses interprétations et soulèvent des interrogations. Le capitaine et le lieutenant qui cheminent l'un à côté de l'autre au premier plan vont-ils s'éloigner du groupe? Comment s'organise le départ après la formation des rangs, d'où viennent les personnages qui se pressent sous le porche, où vont-ils se poster, quelle est la destination de la compagnie? Tout se déroulera-t-il normalement, comme à chaque départ de la troupe ou surviendra-t-il un incident, un fait extraordinaire? La simple observation du tableau ne fournit pas de réponses à toutes ces questions. La troupe se met-elle en marche pour escorter la reine-mère Marie de Médicis? En 1638, l'ancienne ré-

Le Christ guérissant les malades (dite *La Pièce aux cent florins*), achevé 1647-49
Pointe sèche, Ier état, 27,8 x 38,8 cm
Amsterdam, Rijksmuseum,
Rijksprentenkabinet

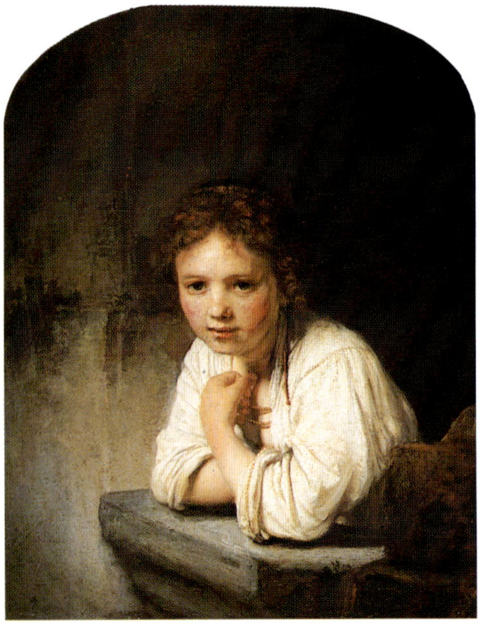

Jeune fille accoudée à la fenêtre, 1645
Huile sur toile, 81,6 x 66 cm
Londres, avec l'aimable autorisation de la Governors of Dulwich Picture Gallery

gente de France se rendit effectivement à Amsterdam où elle fit son entrée escortée par les trois guildes armées de la ville. Quelques costumes datant de cette époque permettraient de le penser. Mais cette hypothèse est contredite par le fait que Frans Banning Cocq et le lieutenant n'occupaient pas encore leurs charges à la guilde à ce moment-là.

Comme dans *La Leçon d'anatomie de Nicolaes Tulp* (ill. p. 42/43), il est peu probable que tous les personnages représentés disposent de suffisamment d'espace sur les marches étroites où Rembrandt les a placés pour s'y mouvoir à leur aise. Nous pouvons logiquement penser que le bâtiment qui sert de fond est la maison de la guilde, la «Cloveniersdoelen», dont le tableau devait décorer la salle des fêtes. Ceci posé, l'éclairage de la scène reste inexplicable. Comment s'expliquer en effet les effets de lumière sur le lieutenant et sur le personnage féminin qui se trouve à l'arrière-plan? S'il s'agissait d'une ronde de nuit devant le bâtiment, la clarté de la lune n'étant vraisemblablement pas suffisante, nous pourrions supposer que la scène est peut-être éclairée par des torches, mais dans ce cas, chaque chose devrait jeter plusieurs ombres. Seuls les rayons du soleil pourraient avoir l'intensité lumineuse montrée dans le tableau – mais pourquoi alors cette pénombre ambiante en pleine rue, devant la maison? Si le groupe était éclairé par le soleil, l'éclairage de toute la scène devrait être homogène et les ombres cohérentes alors que seuls le lieutenant, le personnage féminin et quelques visages ressortent de l'obscurité et que les ombres ne sont pas toutes orientées dans la même direction. Seule, l'ombre portée de la main du capitaine est si convaincante qu'elle sert en quelque sorte d'alibi car de ce seul détail le spectateur tend à déduire la cohérence de l'éclairage dans son ensemble. Ces observations révèlent comment, ici aussi, la vraisemblance de l'épisode est mise en relief au détriment de la vraisemblance d'une situation réelle. Elle occulte le fait que les personnages sont éclairés parce que cette scène est un portrait de groupe et non pas parce qu'ils se trouvent dans le champ d'une quelconque lumière. Ce qui paraît fortuit est en fait le résultat d'une intention artistique.

Certains détails du tableau posent des problèmes d'interprétation qui ne sont toujours pas résolus. Parmi les détails les plus énigmatiques, citons les personnages féminins du tableau, l'un en pleine lumière, l'autre caché derrière. Bien qu'elles ne dépassent pas la taille d'un enfant, leurs proportions et leurs vêtements permettent d'identifier les cantinières qui accompagnaient la compagnie. La corne à boire, la bourse et la poule pendue à la ceinture peuvent faire allusion au banquet qui était au centre de la vie sociale de la guilde. La taille réduite de ces personnages secondaires par rapport aux acteurs principaux du tableau s'explique peut-être par une convention de la peinture médiévale qui représentait les personnages proportionnellement à leur importance [3]. Mais alors pourquoi mettre ces filles en évidence par un éclairage puissant? Si l'on considère qu'il s'agit de fillettes, on peut éventuellement les rapprocher de ces enfants porteurs d'emblèmes que l'on voit dans les tableaux baroques représentant des cortèges. Dans cette hypothèse, on peut penser que les habits des fillettes de *La Ronde de nuit* font référence aux armoiries de la guilde. Les griffes de la poule accrochée à la ceinture de l'une d'elles pourraient être une allusion au blason des Cloveniers composé d'arquebuses croisées et de serres d'oiseau: (en néerlandais, le mot clovenier a en effet ces deux significations).

Les deux fillettes placées dans cette scène ont-elles une fonction allégorique? Cette question reste sans réponse.

Le baroque fut l'époque des allégories et des emblèmes. Mais dans *La Ronde de Nuit*, Rembrandt les a dévoilés tout en les dissimulant de sorte que les allusions sont perçues par le spectateur, mais que leur signification reste floue. Elles restent figées à l'état de notions qui ne sont pas encore soumises à une classification définitive.

Si l'épisode représenté, les détails de la situation, le cadre, les costumes, l'éclairage et même certains motifs de *La Ronde de nuit* se soustraient à une interprétation définitive, il ne faut pas y voir une négligence du peintre ni l'arbitraire d'une quelconque liberté artistique, mais un principe essentiel qui guidait Rembrandt dans l'exécution des tableaux. Il voulait faire comprendre que la vocation d'un tableau n'était pas d'offrir une reproduction aussi fidèle que possible, pas plus que les choses qu'il s'agissait de reproduire ne pouvaient constituer une fin en soi. En acceptant les incertitudes quant au pourquoi de certains éléments de la figuration, le spectateur peut finalement accéder à leur raison d'être concrète et évidente, c'est-à-dire au spectacle purement visuel qu'offrent le tableau, ses lignes de force, le clair-obscur et la couleur.

Si nous nous penchons sur la nature et l'agencement des lignes du tableau en faisant abstraction de leur signification concrète, nous sommes frappés par le nombre de droites dessinées par les contours de la façade à l'arrière-plan, les piques, les arquebuses, le drapeau et le bâton du capitaine. Le mur arrière présente quelques lignes horizontales au niveau de la corniche et quelques lignes verticales à droite, là où il fait saillie, ainsi que sur les côtés de l'arcade. Bien qu'elles ne se prolongent pas sur toute la surface du tableau, ces lignes constituent un quadrillage d'ensemble qui n'est toutefois qu'esquissé car ces droites horizontales et verticales s'interrompent, s'estompent et se dissolvent dans les teintes sombres du fond. Peut-être est-il donc excessif de parler de «quadrillage». La structure linéaire est ouverte. Elle ne constitue pas un principe d'unité du tableau. Mais ces lignes architectoniques apportent un calme et une stabilité qui contrastent fortement avec les droites désordonnées évoquées plus haut. Il est intéressant de constater que l'axe des lances appuyées contre le mur de droite ne diverge que faiblement de la verticale du fond, mais cette différence suffit à dissiper toute idée d'un quadrillage régulier. Les lignes obliques suivent une autre orientation: d'une part la hampe du drapeau dont l'inclinaison correspond à celle du bâton du capitaine et de l'arquebuse de l'homme en rouge, d'autre part la lance que le personnage casqué situé juste derrière le lieutenant tourne vers le bord droit du tableau. D'autres lignes droites sont également inclinées dans cette direction: la lance du lieutenant, l'arquebuse crachant la lueur du coup de feu, celle que nettoie le vieil homme et le bras tendu du troisième personnage à partir de la droite. Si l'on prolonge la hampe du drapeau et la lance tournée vers la droite, elles pointent sur la tête de la fillette en pleine lumière, mais se croisent juste au-dessus. Alors que dans cette moitié du tableau l'artiste évite soigneusement les intersections trop flagrantes, il les multiplie de l'autre côté. Épées, fusils et piques croisent à des angles divers l'axe principal dont il était question plus haut. Au-dessus du bras tendu de l'homme à la collerette, ils se croisent même à deux niveaux en

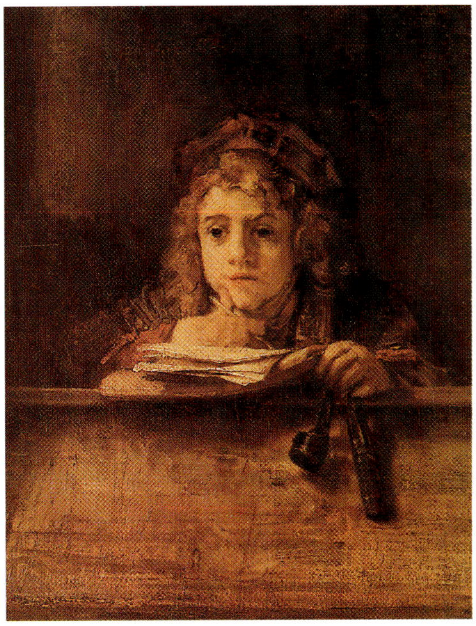

Titus à son pupitre, 1655
Huile sur toile, 77 x 63 cm
Rotterdam, Museum Boymans-van Beuningen

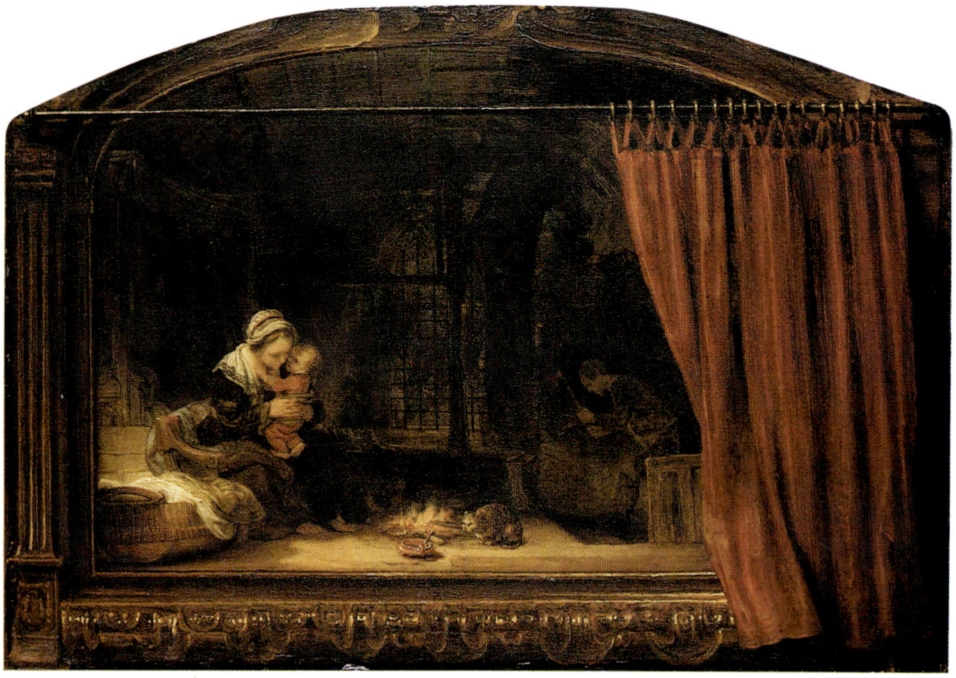

La sainte Famille avec cadre peint et rideau, 1646
Huile sur bois de chêne, 46,5 x 68,8 cm
Kassel, Gemäldegalerie Alte Meister,
Staatliche Kunstsammlungen Kassel

formant une étoile. Mais, pas plus que la petite fille éclairée ne représente le centre vers lequel convergent les directions principales, cette étoile ne peut servir de repère pour déterminer le principe distributeur de ces lignes. Il est par ailleurs significatif que les droites secondaires ne sont pas non plus parallèles – il ne manque pas grand-chose pour qu'elles le soient, mais cet à-peu-près fait toute la différence. Un système de repères géométriques paraît sous-tendre le tableau, mais il ne se concrétise pas.

Dans ce système de droites vient s'insérer une chaîne de petites formes arrondies difficile à décrire dans le détail. Formée des contours des personnages qui se chevauchent, cette chaîne, par ses renflements, s'apparente vaguement à une guirlande. Elle traverse tout le tableau à mi-hauteur et tend à embrouiller ou à désagréger toute orientation générale. De ce fait, l'attention se reporte sur la manière dont le peintre joue du clair-obscur de cette zone médiane pour dessiner le linéament que nous cherchons à analyser.

Si l'on concentre toute son attention sur les petites taches claires posées dans l'entrelac des lignes – l'expérience est plus probante si l'on cligne des yeux -, les têtes et les collerettes se succèdent en formant une guirlande qui part de la gauche du tableau et s'incurve jusqu'à la petite fille. La guirlande remonte ensuite au-dessus du casque couronné de feuilles de chêne, décrit un arc au-dessus des têtes du capitaine, du lieutenant et d'un personnage placé derrière eux jusqu'à la tête du vieillard soufflant sur le bassinet de son arquebuse. Elle remonte ensuite au-dessus des autres têtes et du bras tendu jusqu'au bord droit du tableau où elle s'enroule en une volute qui aboutit au tambour. Les têtes des personnages placés dans le porche forment un autre feston qui n'est pas nécessairement relié au premier. Bien que ces formes soient trop petites pour qu'il s'en dégage une direction définie, on peut y voir une certaine symétrie qui prendrait très approximativement l'allure de deux ailes se déployant vers les côtés. Le centre de cette double forme pourrait se situer dans le champ lumineux le plus étendu et le plus intense du tableau, celui qui entoure le lieutenant et la fille. Le personnage du capitaine peint dans des couleurs extrêmement sombres et dont ne ressort que la collerette éclatante se trouverait comme encadré à l'intérieur même du tableau dans cette sorte de rectangle dont il serait le centre et qui l'isole de la structure du reste de la scène.

Mais nous ne pouvons avancer une affirmation sans immédiatement la relativiser. En effet, la structure du clair-obscur rend impossible toute symétrie dans la disposition des personnages. Les surfaces claires du lieutenant et de la fillette sont de taille si différente et leur distance par rapport au capitaine est si inégale qu'elles n'éveillent pas forcément l'impression d'une quelconque symétrie. Et si les taches plus claires des visages sont bien reliées les unes aux autres, il est peut-être excessif de les comparer à une guirlande continue. Cette structure peut tout aussi bien apparaître éparpillée en touches isolées ou regroupée par petites grappes. La succession des éléments clairs, des visages pour la plupart, ne se réduit pas à une seule ligne. Le spectateur peut reconstituer la guirlande selon plusieurs «pistes» aussi valables les unes que les autres.

Pour ouverte et éparpillée qu'elle soit, la structure du clair-obscur possède malgré tout un ordre latent. Rectangles, ovales, spirales, symétrie droite-gauche incitent dans tous les cas le spectateur à rechercher un ordre géométrique élémentaire. Mais celui-ci reste insaisissable. La spontanéité, l'agitation et même le désordre se manifestent avec force, poussant à leur tour le spectateur à rechercher un grand principe organisateur.

Le spectateur peut apprécier au mieux l'effet du clair-obscur en suivant du regard la guirlande évoquée plus haut. En déplaçant ses yeux sur toute la largeur du tableau, de gauche à droite par exemple, à un rythme aussi régulier que possible, il découvre une succession très graduée de touches lumineuses et obscures dont le contraste culmine au milieu du tableau pour diminuer sur le côté et disparaître dans les demi-teintes du tambour qui pourrait servir de point de départ à un nouveau mouvement. Dans le mouvement du regard, la lumière et l'obscurité alternent à un rythme libre selon lequel l'intensité, l'importance des notes et leurs intervalles sont subtilement gradués et se conjuguent en une ligne dynamique. Pour autant, cette alternance n'est pas complètement libre. Son rythme semble obéir à une cadence à partir de laquelle il développe sa dynamique propre. Qu'il s'agisse des lignes ou du clair-obscur, ces explications montrent que toute la structure visuelle du tableau est ouverte et offre dans les détails une marge d'interprétation individuelle tout en laissant entrevoir un agencement d'ensemble. Nous pouvons caractériser la structure de *La Ronde de nuit* comme l'agitation individuelle juste avant que l'ordre ne se mette en place.

Les valeurs purement visuelles du tableau forment un système autonome, doué d'une force dramatique et d'un bouillonnement propres, qui s'impose indépendamment de tout ce que le spectateur peut appréhender intellectuellement dans l'épisode représenté. Ce que le spectateur saisit intuitivement présente une structure identique à ce qu'il peut comprendre intellectuellement en examinant le tableau. *La Ronde de nuit* et les tableaux suivants marquent un tournant capital dans l'œuvre de Rembrandt qui évolue d'une approche intellectuelle vers une approche purement intuitive – il suffit au spectateur de regarder pour comprendre.

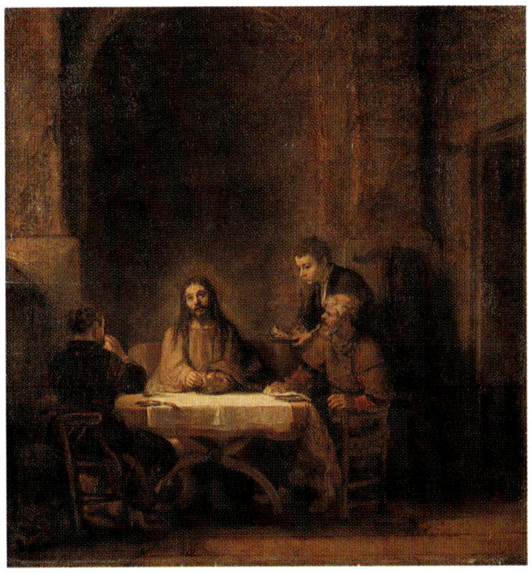

Le Christ à Emmaüs, 1648
Huile sur bois, 68 x 65 cm
Paris, Musée du Louvre

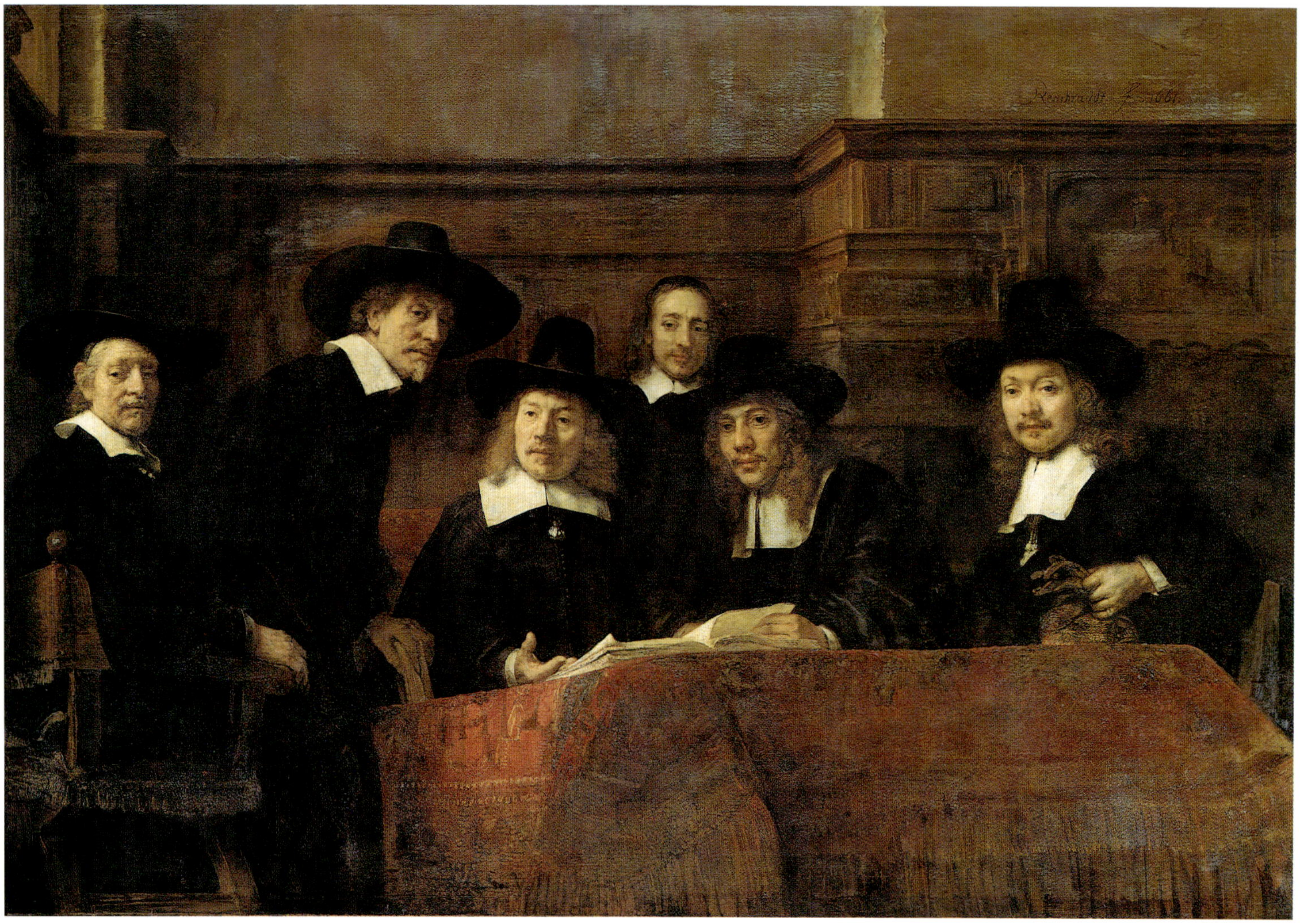

Regarder – et comprendre: Les Syndics des drapiers

Les Syndics des drapiers (ill. p. 58) datant de 1662 est le dernier portrait de groupe exécuté par Rembrandt. Il applique à sa mise en scène tous les acquis de son expérience de portraitiste. Après le foisonnement de *La Ronde de nuit*, cette œuvre tardive semble se rattacher aux premiers portraits comme *La Leçon d'anatomie de Nicolaes Tulp* et au-delà, à la tradition plus que séculaire du portrait collectif qui réunit les personnages autour d'une table et inclut généralement un personnage secondaire. Pourtant, ce tableau, *Les Syndics des drapiers*, surpasse les précédents en densité, en complexité et en vitalité. Son analogie avec le schéma traditionnel du portrait ne fait que souligner l'apport essentiel de Rembrandt qui innove non pas en rompant extérieurement avec les formes du passé, mais en les faisant évoluer. Document sur un homme existant dans le temps, le portrait doit l'affranchir du temps. Le portrait a pour vocation de faire référence au modèle et d'en perpétuer le souvenir. A travers sa mise en scène, Rembrandt confère au portrait les qualités d'un événement temporel, faisant ainsi du souvenir le présent du tableau. Ses portraits ne visent pas à abolir la temporalité du modèle en le soustrayant au temps ni en l'immortalisant par la peinture. Rembrandt est en passe de surmonter la temporalité par une nouvelle approche dans laquelle l'éternité – par définition intemporelle – se reflète dans le présent. Rembrandt ne cherche pas à prolonger éternellement ce qui n'est qu'éphémère et passager, mais à rendre perceptible, à inscrire dans le présent la parcelle d'éternité qui est en tout homme et sur laquelle ni le temps ni les circonstances n'ont de prise. Mais quelle peut en être l'expression picturale?

Les syndics présentent leurs comptes à la guilde: d'un geste persuasif, Willem van Doeyenburg[4] pose la main sur le livre ouvert devant lui, l'homme assis à sa droite est prêt à tourner une page pour s'y reporter, le trésorier à l'extrême droite du tableau tient la bourse et Volckert Jansz. se dresse à demi en s'appuyant sur le calepin qu'il tient entre les doigts. La présence de l'intendant Frans Hendricksz. Bel, tête nue, à l'arrière plan, souligne l'importance des syndics. Les personnages ne posent pas, leurs attitudes montrent combien ils sont absorbés dans leur occupation. Les mimiques sont différenciées avec une grande subtilité. Elles vont de la concentration tendue vers l'extérieur de celui qui est sur le point d'intervenir, à l'intérêt manifesté pour ce qui se passe jusqu'au regard placide porté sur toute la scène. Ici encore, Rembrandt fait parler les regards. L'attitude des syndics n'est toutefois pas aussi typique d'un groupe de

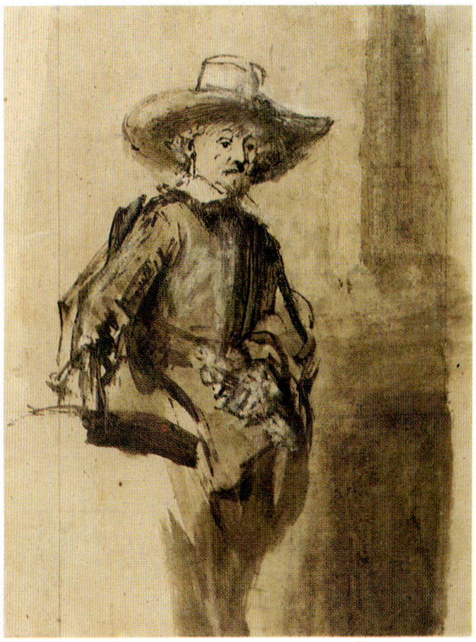

Le Syndic debout (étude pour Les Syndics des drapiers), 1662
Plume et brosse au bistre, 19,3 x 15,9 cm
Rotterdam, Museum Boymans-van Beuningen

Les Syndics des drapiers, 1662
Huile sur toile, 191,5 x 279 cm
Amsterdam, Rijksmuseum

notables présidant une assemblée que celle des personnages de *La Leçon d'anatomie de Nicolaes Tulp* écoutant un exposé. Les gestes des syndics sont si riches en nuances expressives qu'ils perdent leur caractère générique et semblent ne pouvoir appartenir à personne d'autre. Il est à noter – et cela nous donne une clé pour bien comprendre la scène – que les personnages, dans toute leur individualité, n'agissent pas séparément, mais en bonne intelligence, en même temps et de pair.

La perspective indiquée avec une extrême sobriété de moyens – la table, le fauteuil, le panneau rentré du lambris et les bords des chapeaux vus d'en bas – montre que le groupe est surélevé. La scène se déroulant probablement dans une salle de réunion, les syndics se trouvent sur une estrade et le spectateur les voit de la perspective de l'auditoire.

Dans *La Leçon d'anatomie de Nicolaes Tulp*, deux des personnages regardent le spectateur comme pour l'inviter à prendre part à la scène. Le regard des trois syndics que nous voyons au-dessus de la nappe rouge est dirigé hors du tableau, mais il passe à gauche du spectateur. L'homme assis dans le fauteuil, à gauche, se tourne également dans cette direction tandis que Volckert Jansz. fixe un point situé à droite du spectateur. Nous pouvons en déduire que les syndics agissent en commun, mais également qu'ils réagissent par rapport à un partenaire en dehors du tableau, à un auditoire. Paradoxalement, les regards qui frôlent le spectateur l'impliquent encore plus fortement dans la scène que le contact visuel direct de *La Leçon d'anatomie*. Incidemment, le spectateur se glisse dans le rôle d'un membre de l'assistance nombreuse à laquelle s'adressent les syndics. Cela dit, il est évident qu'il n'est pas un participant actif; il ne demande pas la parole, pas plus qu'il ne donne son avis ou interpelle les syndics. Le spectateur remplit dans le public le rôle du simple témoin oculaire. Déjà à ses débuts, dans le portrait de sa mère en *La Prophétesse Anne* (ill. p. 26) Rembrandt avait cherché à impliquer le spectateur dans le tableau en lui donnant la possibilité de lire le livre ouvert sur les genoux du personnage. Mais ce procédé devient dans *Les Syndics des drapiers* un principe de mise en scène qui régit l'ensemble de la composition. Car par le seul fait de regarder et de comprendre la situation représentée dans ce tableau, le spectateur remplit déjà le rôle que lui impartit l'artiste. Qu'il le veuille ou non, le regard porté par le spectateur est un motif du tableau, un élément de l'action qui s'y déroule.

Si, de cette manière, les effets obtenus par la mise en scène sont comparables à des situations réelles, les problèmes fondamentaux que pose la figuration d'un événement temporel n'en sont que plus critiques. Comment Rembrandt représente-t-il les mouvements? L'attitude de Volckert Jansz. a suscité un grand nombre d'interprétations. L'étude (ill. p. 59) le montre debout. L'examen radiographique révèle que Rembrandt a modifié plusieurs fois la posture de ce personnage au cours de l'exécution de la toile. La version définitive le montre ni tout à fait debout ni vraiment assis. D'une main, il s'appuie sur la table, un calepin entre les doigts, de l'autre, il ébauche un geste vers l'accoudoir du siège placé derrière lui. L'attitude de Volckert Jansz. et l'attention soutenue avec laquelle il regarde dans le public semblent indiquer qu'il est sur le point de se lever pour répondre à une question. Mais il pourrait tout aussi bien être en train de se rasseoir après avoir terminé un discours. Alors que les autres

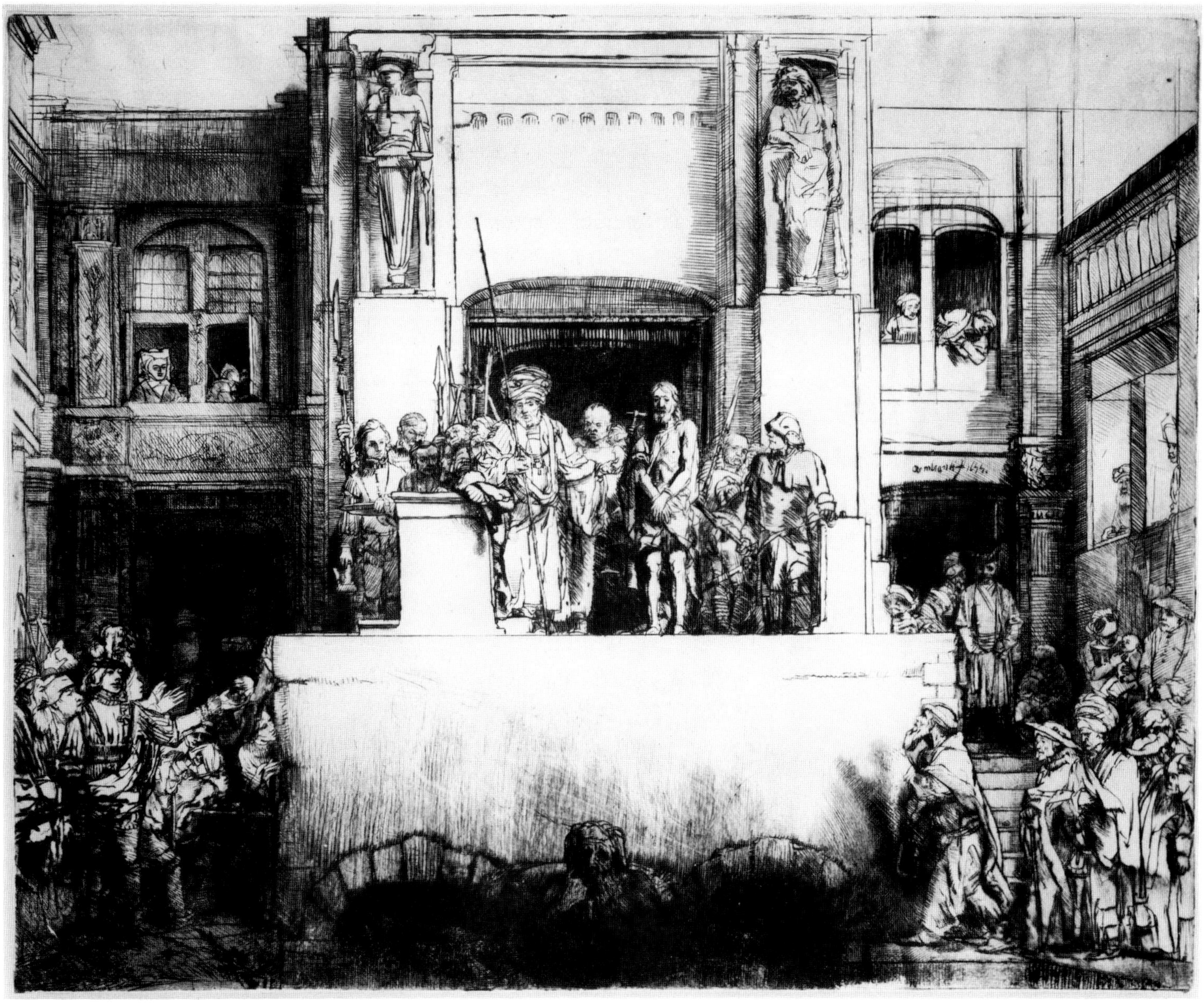

Le Christ présenté au peuple, 1655
Gravure au burin, VIIe état, 35,8 x 45,5 cm
Amsterdam, Rijksmuseum

syndics tournent leur attention vers la gauche, Volckert Jansz. continue à regarder un membre de l'assistance qui – risquons une hypothèse – n'est peut-être pas satisfait et le manifeste comme cela se produit souvent dans ce genre de réunion alors que les débats se poursuivent dans une autre direction. L'essentiel à retenir est que les deux interprétations se contredisent radicalement. Les deux mouvements envisageables sont en effet antinomiques. On ne peut pas à la fois s'asseoir et se lever. Toutefois, le fait que Rembrandt ait retravaillé plusieurs fois cette pose semble indiquer qu'il recherchait cette ambiguïté. L'acte de s'asseoir ou de se lever se décompose en une foule de positions intermédiaires. Volckert Jansz. se lève, mais les événements se précipitent; avant d'être tout à fait debout, il hésite et pourrait aussi bien se redresser que reprendre place dans le fauteuil. Ou bien il vient de parler debout, il est en train de se rasseoir lorsque quelqu'un l'interpelle, il s'arrête et pourrait se relever pour répondre ou s'asseoir définitivement. Mais il peut également rester dans cette pose en écoutant le résultat d'un vote de l'assemblée, s'interrogeant un instant sur la nécessité d'intervenir ou non. Le mouvement vif, le geste prolongé et l'attitude figée que l'artiste avait répartis sur plusieurs personnages dans *Samson aveuglé par les Philistins* sont ici condensés dans un geste unique. Dans les limites que nous venons de fixer, l'acte de Volckert Jansz. est ambigu.

Cette ambiguïté se retrouve dans le regard des autres syndics. S'attarde-t-il sur le public ou au contraire balaie-t-il l'assistance dans un furtif mouvement de va-et-vient ? A supposer que les regards s'attardent sur l'auditoire, ils varient en fonction de l'intérêt croissant ou décroissant pour ce qu'ils voient, et ces phases intermédiaires sont susceptibles d'être interprétées de manière analogue à l'attitude de Volckert Jansz.

Cette ambiguïté ne résulte pas d'un manque de précision dans l'exécution, elle est purement «fonctionnelle». En effet, les mouvements ou les changements n'apparaissent que si le spectateur imagine les différentes faces de l'événement. Les actions ne contredisent pas l'immobilité du tableau. Le spectateur est invité à parachever la représentation. S'il veut comprendre ce qu'il a devant lui, il doit jouer le jeu qui consiste à combiner les détails ambigus. Les actions forment un réseau complexe d'associations dont les éléments varient à différents niveaux et qu'il est impossible de réduire à un seul état. Ce jeu de l'imagination s'apparente à un processus au cours duquel le spectateur recrée le va-et-vient des mouvements et des impulsions, l'alternance des actions et des réactions. Il s'adonne ainsi à une activité au cours aussi changeant qu'une discussion entre deux groupes de personnes lors d'une assemblée. Par conséquent, le spectateur, dans la mesure où il en prend conscience, se voit impliqué dans ce qui se passe sur la toile puisqu'il s'agit de sa propre activité.

Ce pouvoir du tableau sur le spectateur ne tient cependant pas uniquement au comportement des personnages. La structure spatiale n'a été précédemment décrite que sous l'un de ses aspects. Bien que définie avec certitude, elle laisse un certain nombre de questions ouvertes. La portion couvrant le champ de vision choisi ne donne aucune indication sur la distance qui sépare le spectateur des personnages. L'absence de premier plan suggère une certaine proximité alors que les syndics semblent par ailleurs vus de loin. Les couleurs utilisées pour les personnages, les objets et l'environnement sont uniformément mêlées d'un ton de brun chaud. Ce ton cassé ne donne pas l'impression d'être inhérent aux couleurs, mais créé par un voile traversé par la lumière, comme si l'air de la salle était embrumé ou enfumé. L'atmosphère embrumée – tout à fait plausible étant donné les circonstances de la scène – ne peut se trouver qu'*entre* les objets et l'œil du spectateur. Il est donc impossible d'éliminer le spectateur de ce système spatial puisque cet «entre-deux» ne se manifeste que lorsqu'il se trouve devant le tableau. Dès l'instant où il comprend que l'apparence des objets et des personnages s'explique par l'atmosphère qui règne dans le lieu, le spectateur est absorbé par l'ambiance du tableau. En effet, les personnages ne peuvent être perçus de cette façon que par un spectateur qui partage avec eux les conditions ambiantes. En d'autres termes, l'univers du tableau est peint objectivement tel qu'il ne peut en fait apparaître que subjectivement. A cet égard, Jacob Burkhardt fait remarquer : «Rembrandt ne se soucie pas de la véridicité des choses, seule leur apparence lui importe … Pour lui, les événements, les personnages et les choses de la nature n'existent que dans la mesure où l'air et la lumière peuvent y déployer leur jeu singulier.»[5] Il ne s'agit cependant pas de tirer de la lumière une «magie insoupçonnée», ni de transfigurer le monde par une quelconque spiritualité. Si comme nous l'avons vu précédemment l'acte de l'observation, autrement dit le regard du spectateur, est partie prenante de ce qui se passe dans le tableau, il est également intégré dans cet univers pictural du fait même de l'apparence des choses. Le tableau n'est plus un objet existant objectivement en soi puisque le regard «représenté» et celui du spectateur sont indissociablement liés: il n'y a pas d'apparition en dehors du regard qui la révèle.

Une autre remarque mérite d'être relevée. Elle concerne le rapport entre l'ordre scénique et l'ordre du tableau proprement dit. Tels qu'ils sont disposés, les personnages entretiennent entre eux et avec le fond de subtils rapports de réciprocité. Ainsi, le trésorier s'encadre dans le jambage de la cheminée et la position de l'homme au fauteuil sur la gauche du tableau est mise en valeur par la saillie du mur. La table recouverte d'un tapis rouge réunit les trois personnages assis. Volckert Jansz. se distingue par sa posture mi-debout mi-assise qui est relativisée par la position également surélevée de l'intendant. Willem van Doeyenburg devient un chaînon reliant leurs deux têtes, etc. Considérées sous un certain angle, les positions sont dispersées dans la surface. Sous un autre angle, elles apparaissent reliées les unes aux autres, elles se mettent mutuellement en valeur tout en se relativisant. Cette trame de relations se fait de plus en plus complexe à mesure que le spectateur approfondit toutes les virtualités du tableau. A partir d'une disposition apparemment insignifiante, qui paraît d'autant plus naturelle qu'elle semble le résultat fortuit des circonstances, le spectateur peut voir les personnages individuellement, isolément sans perdre de vue la cohésion d'un ensemble différencié.

La forme du portrait ne paraît plus dominée par l'action. Le jeu des

La Leçon d'anatomie du docteur Joan Deyman, vers 1656
Plume et bistre 11 x 13,3 cm
Amsterdam, Rijksmuseum, Rijksprentenkabinet

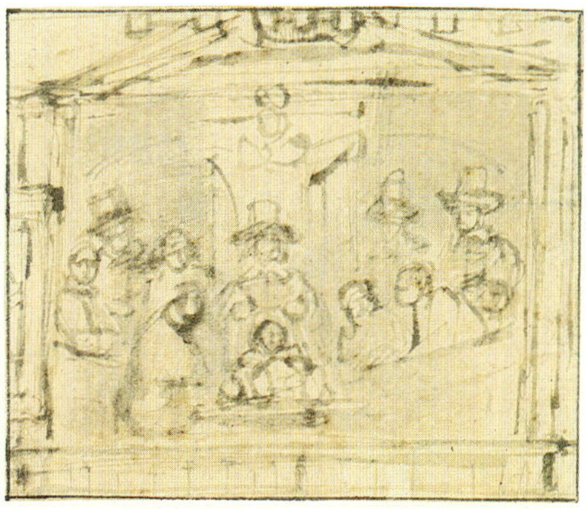

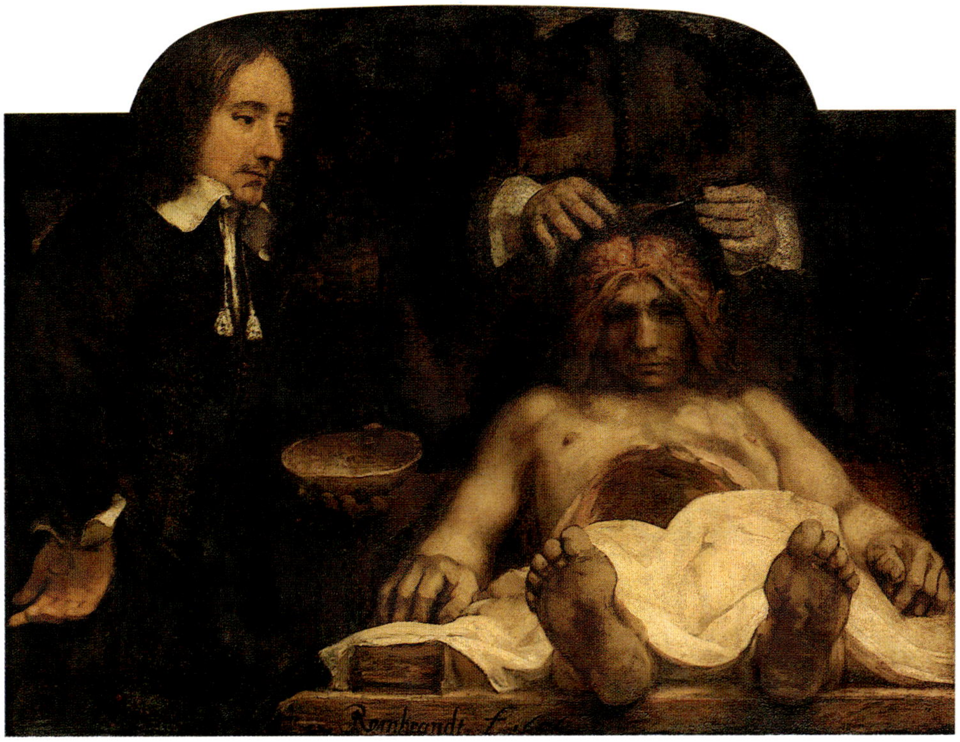

La Leçon d'anatomie du docteur Joan Deyman (fragment), 1656
Huile sur toile, 100 x 134 cm
Amsterdam, Rijksmuseum

relations qui prend corps au gré des changements de perspective acquiert à lui seul une force dynamique à travers la participation active du spectateur. La structure de ce jeu des réciprocités est de même nature que la structure de l'action et l'enrichit d'une signification supplémentaire: l'interaction des pans de couleur devient la condition indispensable pour que la touche isolée puisse se mettre en valeur, chacun est au service de l'autre et en tire profit. Cette densité est difficile à exprimer par les mots, mais elle n'est peut-être pas étrangère aux relations humaines qu'entretiennent ces hommes entre eux et avec les personnes qui forment l'auditoire.

Ceci explique que, contrairement à *La Ronde de nuit* (ill. p. 50/51), les valeurs strictement picturales – le jeu des zones claires et foncées, des tons rouges, jaunes, blancs, noirs et mordorés – ne soient pas perçues comme un système qui se suffise à lui-même. Les effets dramatiques du clair-obscur sont plus modérés. La peinture ne manifeste plus sa maestria ni sa virtuosité – qui n'en sont pas moins présentes au plus haut degré. Parvenir à créer l'ambiance des *Syndics des drapiers* requiert en effet une maîtrise exceptionnelle de la technique picturale. La manière de Rembrandt elle-même est devenue très personnelle. Les qualités picturales ne valent plus pour elles-mêmes, elles se font discrètes et se mettent complètement au service de la puissance de l'apparence. L'évolution de Rembrandt vers l'expression de la temporalité dans le tableau est déjà sensible. Il conçoit les éléments picturaux de manière qu'ils ne puissent être perçus que dans le processus de l'apparition. C'est là que réside le mystère de la peinture de Rembrandt. Dans *Les Syndics des drapiers* (ill. p. 58), l'apparition picturale se rapproche de l'action tout comme l'action temporelle se rapproche de l'apparition picturale. Autrement dit, en regardant le tableau le spectateur fait déjà un grand pas vers sa compréhension.

Avant de parvenir à la fusion de l'action et de sa figuration, il reste une étape à analyser. Le dessin nous offrira un support plus propice à l'étude de la mise en scène car il privilégie l'action par rapport aux effets visuels.

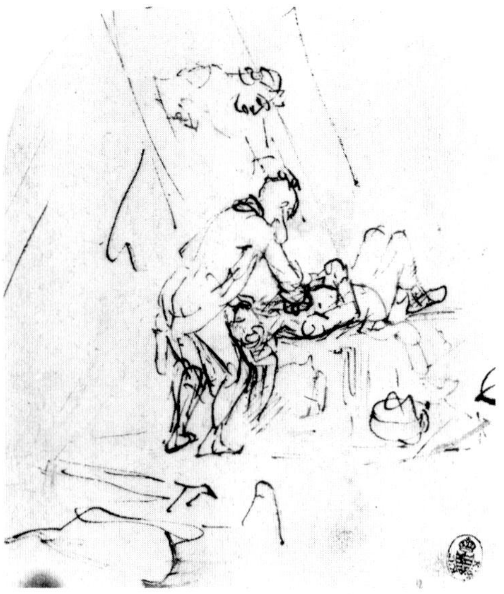

Abraham sacrifiant Isaac, 1650
Plume et bistre, 18 x 15,5 cm
Dresde, Kupferstichkabinett, Staatliche Kunstsammlungen Dresden

Le Sacrifice d'Isaac, 1655
Pointe sèche, seul état connu,
15,6 x 13,1 cm
Vienne, Graphische Sammlung Albertina

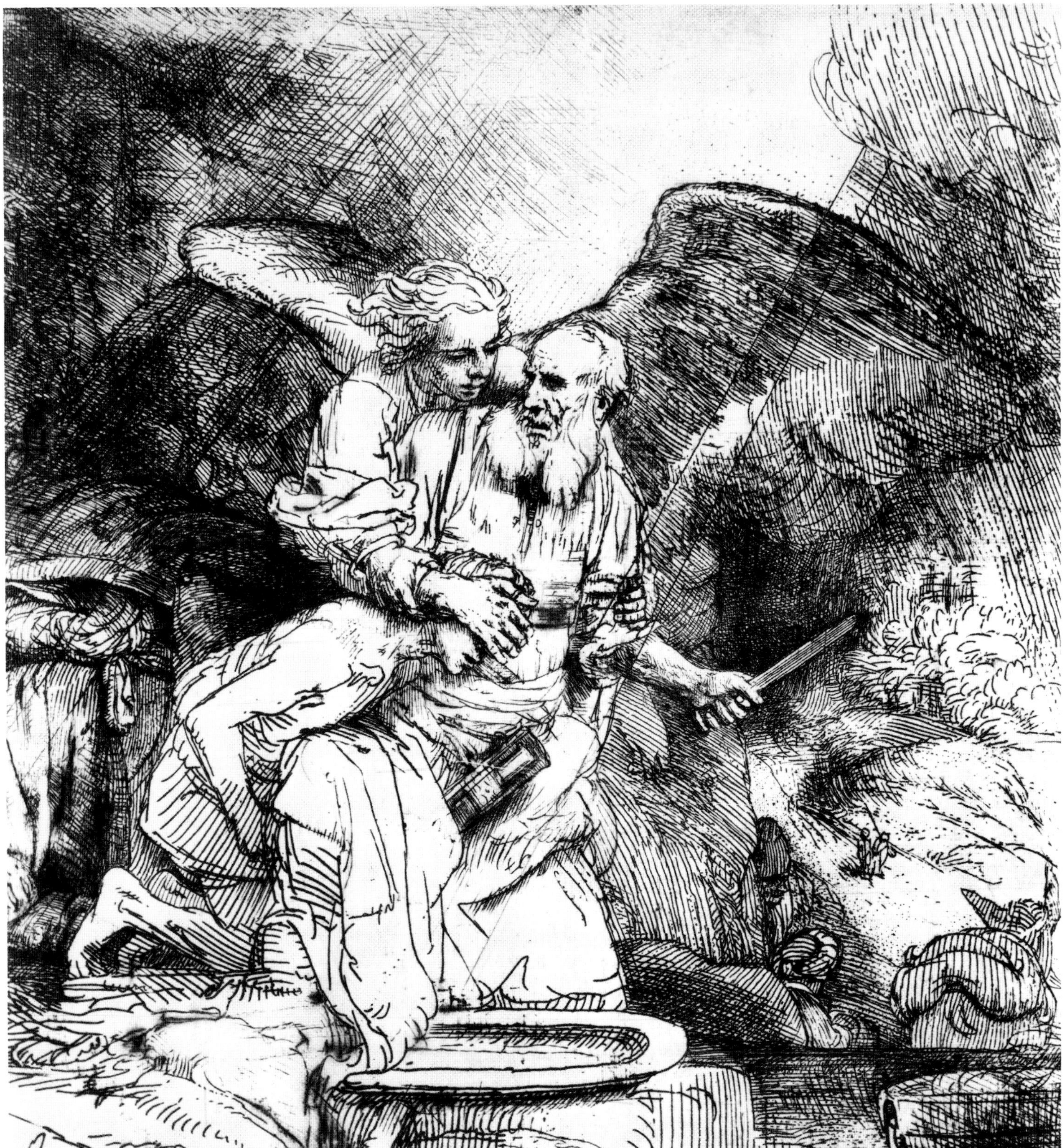

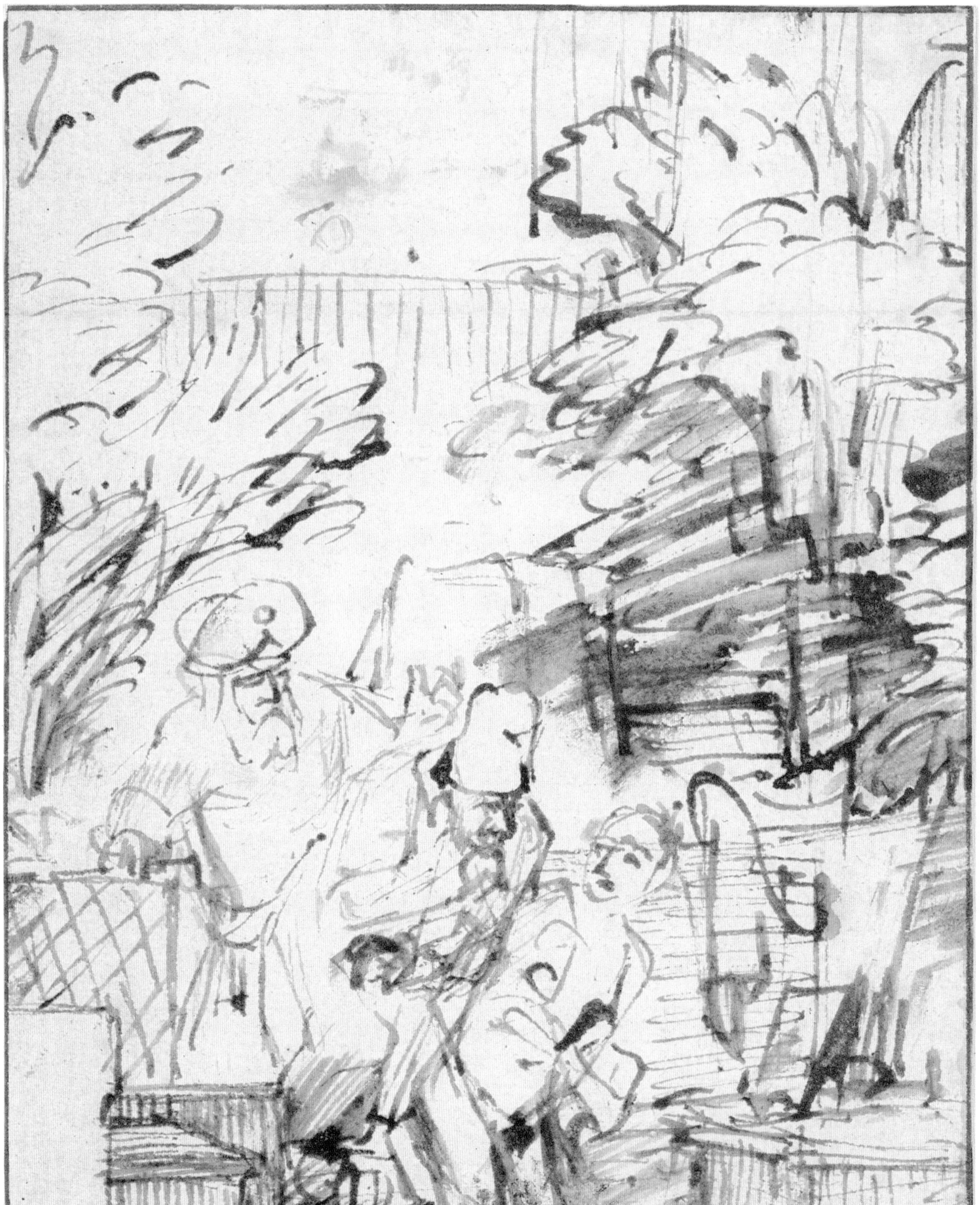

La recherche de la vie du tableau: Suzanne au bain

A considérer toutes les versions du thème de Suzanne surprise par les deux vieillards, il paraît évident que Rembrandt n'avait pas à l'esprit une conception arrêtée d'avance qu'il lui aurait suffi de transposer sur le papier ou sur la toile. Plus il progressait dans l'élaboration de sa mise en scène, plus il accordait d'importance à l'impact visuel de l'œuvre, comme nous l'avons déjà constaté en examinant la genèse des *Syndics des drapiers.* Rembrandt ne pouvait pas anticiper les subtiles nuances dans l'illustration d'un événement temporel, il devait les rechercher dans l'observation concrète. Les variantes successives d'un même thème nous permettent de reconstituer cette recherche.

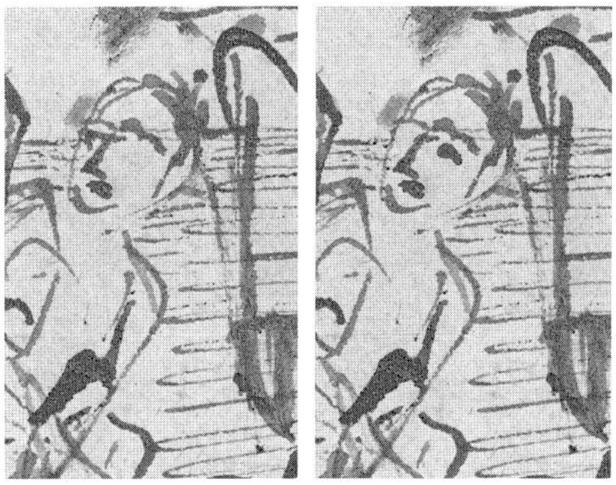

Détail de la reproduction ci-contre avec retouches

Un texte apocryphe du livre de Daniel relate l'histoire de Joakim et de son épouse Suzanne. A l'époque de la captivité du peuple d'Israël Joakim possédait à Babylone une riche demeure entourée d'un jardin où les juifs avaient coutume de se retrouver. Deux anciens choisis pour juges y exerçaient leur charge. S'étant pris de passion pour la belle Suzanne, ils l'assaillirent un jour qu'elle se baignait dans le jardin. «Les portes du jardin sont fermées, personne ne nous voit, et nous brûlons de passion pour vous; rendez-vous donc à notre désir, et faites ce que nous voulons. Si vous ne le voulez pas, nous porterons témoignage contre vous, et nous dirons qu'il y avait un jeune homme avec vous, et que c'est pour cela que vous avez renvoyé vos filles. Suzanne poussa un profond soupir et leur dit: Je ne vois que péril et qu'angoisse de toutes parts. Car si je fais ce que vous désirez, je suis morte, et si je ne le fais point, je n'échapperai pas de vos mains. Mais il m'est meilleur de tomber entre vos mains sans avoir commis le mal que de pécher en la présence du Seigneur.» Suzanne refusa leurs avances, fut injustement accusée et condamnée à mort. Mais un jeune garçon intervint pour demander à ce que les vieillards soient entendus séparément. Ils furent ainsi démasqués et Suzanne fut sauvée. Cet enfant n'était autre que Daniel.

Comme beaucoup d'histoires illustrées par Rembrandt, la première version du thème de Suzanne (ill. p. 69 en bas) s'inspire d'une toile de Pieter Lastman dont il avait été l'élève. La sanguine de Rembrandt reprend le grand parc, le groupe de personnages et les principaux éléments du décor tels que le château à l'arrière-plan, la fontaine en forme de sphinx sur laquelle Suzanne est assise, l'arbre et les paons à l'extrême droite de la composition. Mais Rembrandt s'affranchit complètement de son modèle lorsqu'il s'agit de rendre l'action[6]. A la différence de Lastman,

Suzanne au bain, vers 1655
Roseau et bistre, 17,7 x 12,7 cm
Berlin, Kupferstichkabinett, Staatliche Museen Preußischer Kulturbesitz

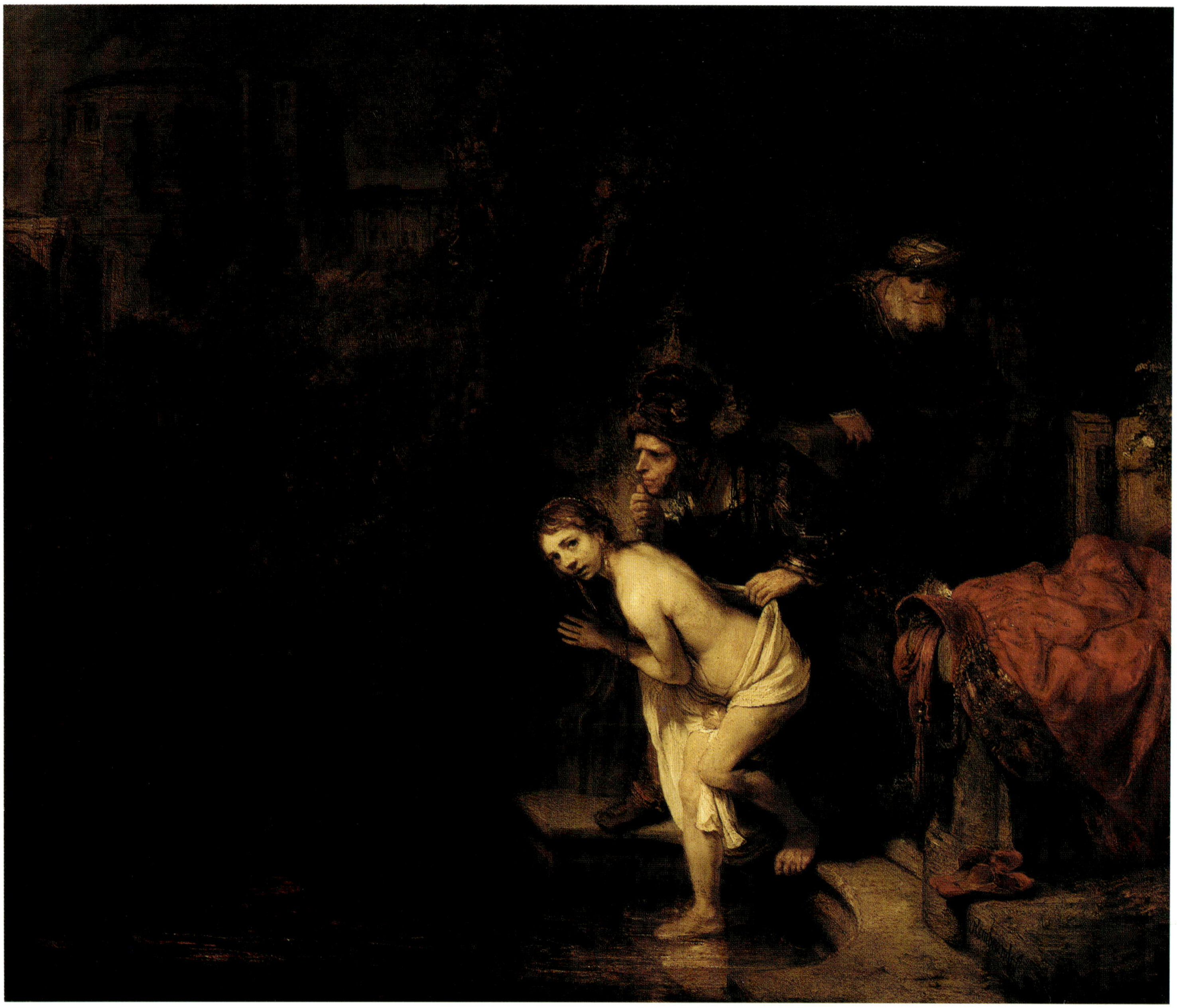

Suzanne au bain, surprise par les deux vieillards,
1647
Huile sur bois, 76,6 x 92,7 cm
Berlin, Gemäldegalerie, Staatliche Museen
Preußischer Kulturbesitz

Rembrandt présente l'épisode sous la forme d'une scène de dialogue. Les gestes qui appuient les paroles des vieillards traduisent le chantage auquel ils soumettent Suzanne. Le personnage de droite l'attire d'un signe de la main, celui de gauche, tout près de Suzanne, indique du pouce le château. Suzanne leur tourne le dos. Le vieillard qui cherche à l'attirer et qui apparemment mène la conversation croise le regard de Suzanne où se lit le refus. La jeune femme a donc déjà compris les propos que lui tient le vieillard et repousse ses exigences. Le dessin montre clairement le discours, mais n'explique ni ce qui l'a amené ni pourquoi il se prolonge alors que Suzanne a déjà pris sa décision.

La deuxième version (ill. p. 69 en haut à gauche) est presque exclusivement limitée aux trois personnages. Les vieillards ne parlent pas, ils agissent. Celui de droite s'approche pendant que celui de gauche fait un grand geste du bras vers le château et touche Suzanne de l'autre bras. La jeune femme est recroquevillée sur elle-même. Ce n'est plus l'héroïne réfractaire de la version précédente, mais une victime sans défense. Cette

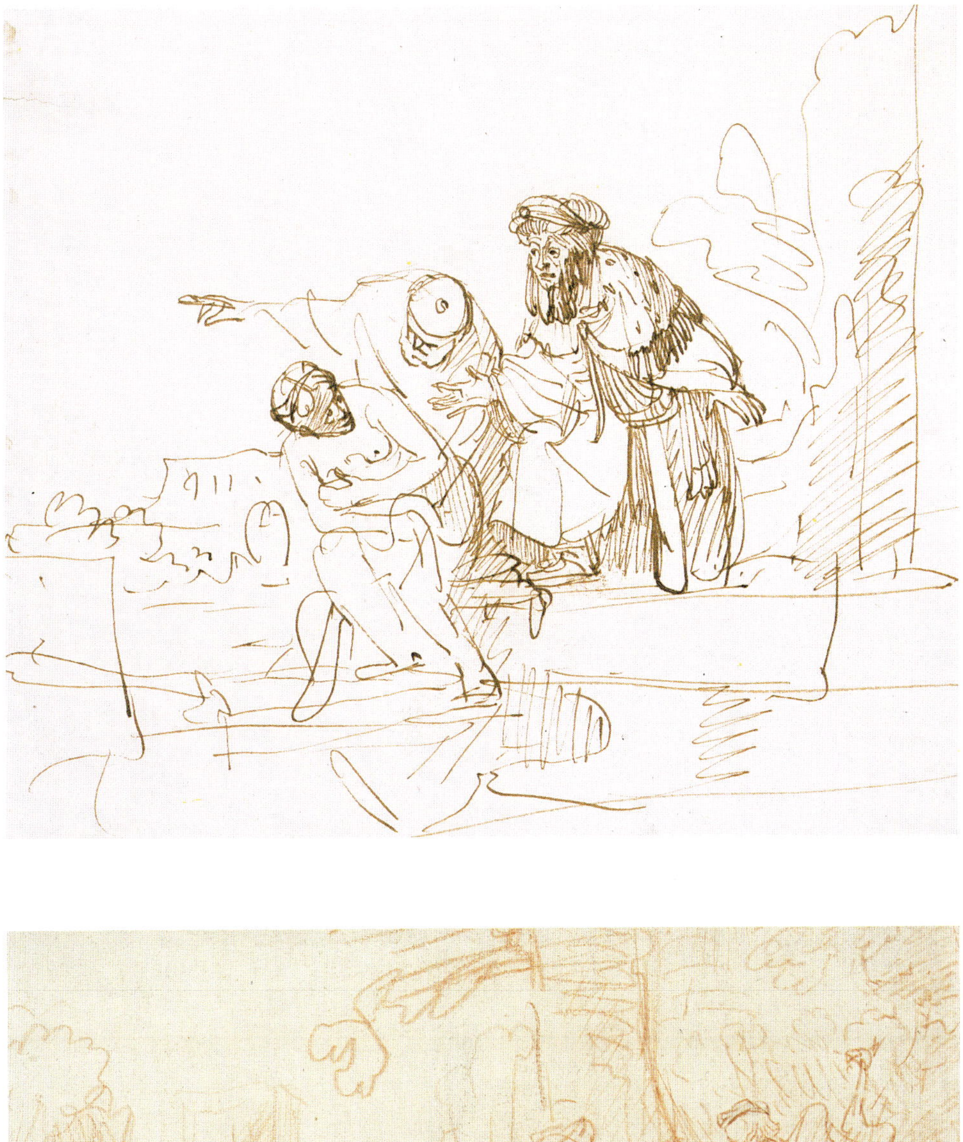

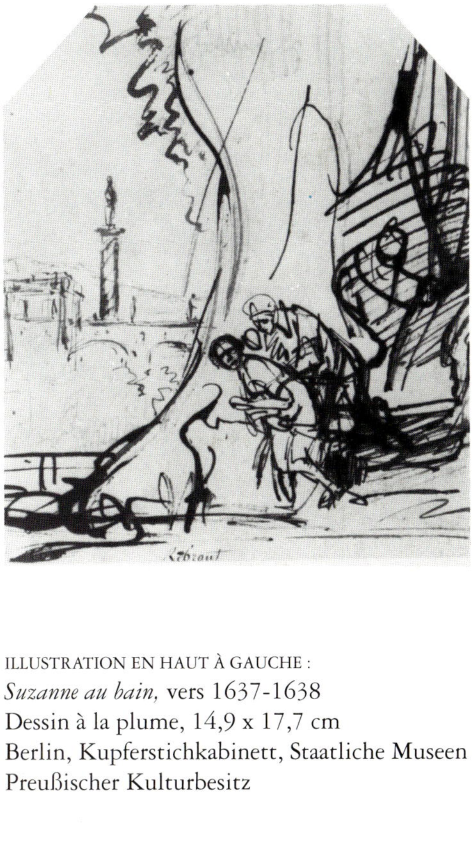

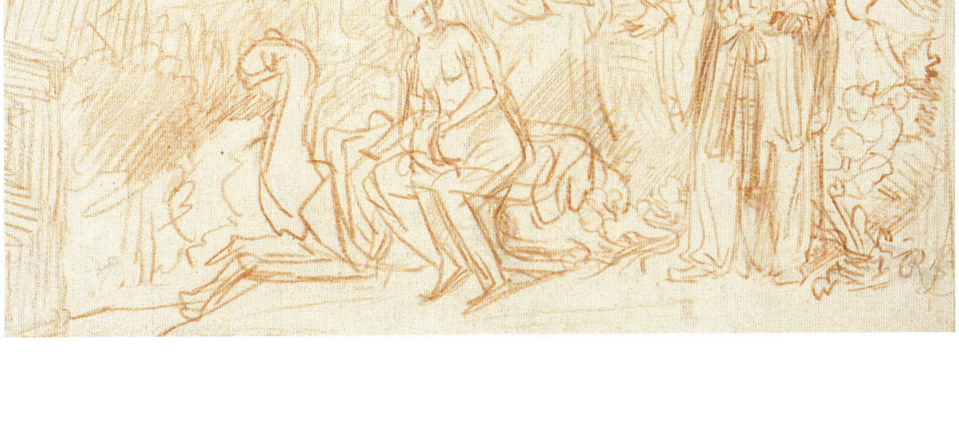

ILLUSTRATION EN HAUT À GAUCHE :
Suzanne au bain, vers 1637-1638
Dessin à la plume, 14,9 x 17,7 cm
Berlin, Kupferstichkabinett, Staatliche Museen Preußischer Kulturbesitz

ILLUSTRATION EN HAUT À DROITE :
Suzanne au bain, vers 1641-1644
Plume et bistre, 19,8 x 17,0 cm
Dresde, Kupferstichkabinett, Staatliche Kunstsammlungen Dresden

Suzanne au bain (dessin d'après Lastman), vers 1637
Sanguine, 23,5 x 36,4 cm
Berlin, Kupferstichkabinett, Staatliche Museen Preußischer Kulturbesitz

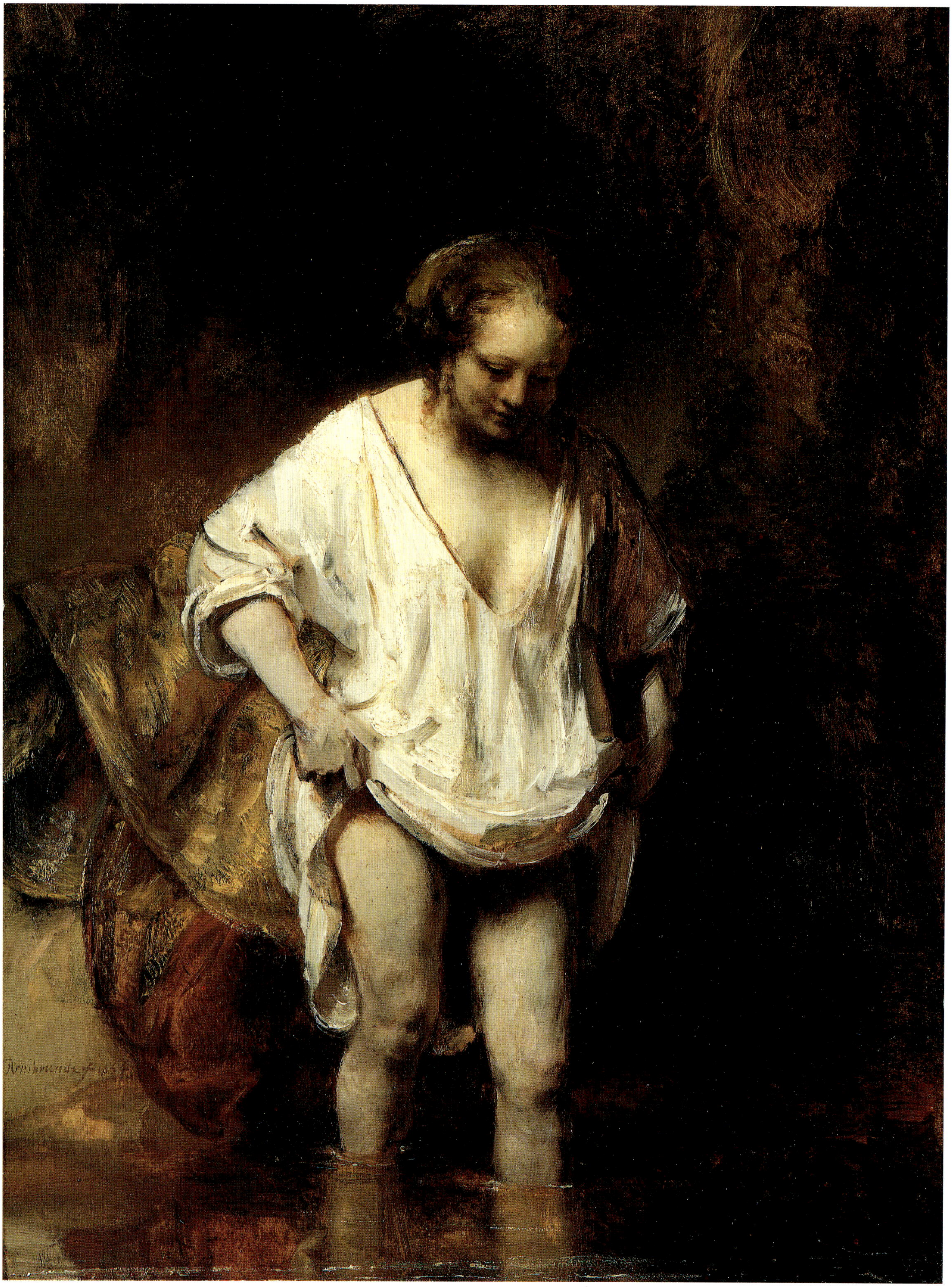

scène concentrée sur l'action montre dans les faits ce qui était précédemment contenu dans le discours. La première scène pourrait s'intituler «Le Refus de Suzanne» et celle-ci «Suzanne assaillie par les vieillards».

Un dessin à la plume (ill. p. 69 à droite) montre la troisième conception du sujet. Cette version sera réalisée dans le tableau exposé à Berlin (ill. p. 68) sur lequel nous nous arrêterons plus longuement. Si la scène de dialogue de la première version rendait bien le discours aux dépens de la tension dramatique de l'histoire, la deuxième version risquait de dépasser la portée du dialogue et d'être en désaccord ou même en contradiction avec le mouvement montré dans le dessin. Dans la toile de Berlin, le dialogue révèle l'action et celle-ci révèle la teneur du dialogue. Seul l'un des deux vieillards s'est avancé jusqu'à Suzanne, l'autre garde la main sur la petite porte du jardin ouverte et regarde. Le premier fixe Suzanne de près comme s'il attendait une réponse. Le poing gauche levé jusque sous le menton, il pointe le bout du pouce vers le château. De l'autre main, il saisit le drap dont s'entoure Suzanne. Ce vieillard incarne le chantage à lui seul. Rembrandt procède avec une grande minutie: en saisissant le drap, le vieux dévoile ses intentions, mais il n'a pas encore touché Suzanne. Tout en laissant à Suzanne une marge de manœuvre comme dans la scène de dialogue, cette version garde toute la clarté d'une scène d'action. Suzanne a encore le choix. Penchée en avant, elle a un pied dans l'eau, l'autre est encore posé sur une marche sèche du bassin. Elle lève une main, les doigts légèrement tendus, de l'autre, elle s'efforce de retenir son drap autour des hanches. Elle nous est montrée de trois-quarts. Ses yeux ne fixent pas un point précis. L'œil droit est levé vers la droite, l'autre regarde au-delà du tableau et croise le regard du spectateur. Sa bouche est entrouverte. Tout comme la posture de Volckert Jansz. dans *Les Syndics des drapiers,* l'attitude de Suzanne est ambiguë. Se retourne-t-elle sous l'effet de la frayeur ou bien se tourne-t-elle vers l'avant, cherchant une issue? A chaque fois, son regard frôle le spectateur. Tels que ses pieds sont placés, Suzanne peut aussi bien faire un pas pour entrer dans l'eau que pour en sortir ou bien, troisième hypothèse, elle peut s'immobiliser, consciente du dilemme. Cet instant où Suzanne est pétrifiée, où son regard se tourne tout à la fois vers sa conscience et vers le spectateur est le point culminant de l'épisode. Mais il ne correspond pas, comme dans les tableaux antérieurs, au point culminant du mouvement. Au contraire, la décision de Suzanne apparaît dans son attitude suspendue et n'est donc pas en conflit avec l'immobilisme de la représentation picturale. Considérée sous cet aspect, la posture de la jeune femme reflète son activité intérieure: «Suzanne prend conscience du dilemme et cherche une issue».

La dernière variation sur ce thème est un dessin à la plume de 1655 (ill. p. 66). Venant de la droite, et non de la gauche comme précédemment, les deux vieillards se sont approchés tout près de Suzanne. La scène est délimitée de chaque côté par des arbres esquissés. Le premier plan est réduit par les blocs qui esquissent le rebord et les marches du bassin. Le château domine la scène et la délimite à l'arrière où il occupe presque toute la surface du dessin. L'enceinte du bassin est dessinée de front, telle une barrière traversant le dessin. Suzanne y a déposé ses vêtements indiqués par un tracé sinueux et un faisceau de traits. Comme sur les autres versions, l'un des vieillards montre le château du pouce, l'autre se tient

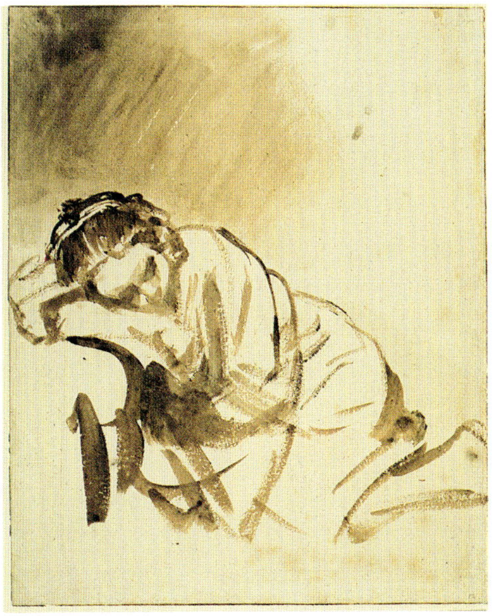

Jeune femme endormie (étude d'après Hendrickje), vers 1655-56
Pinceau et bistre au lavis, 24,5 x 20,3 cm
Londres, The British Museum

Hendrickje se baignant dans une rivière, 1654
Huile sur bois, 61,8 x 47 cm
Londres, The National Gallery

sur les marches du bassin, un poing sous le menton, de l'autre main attrapant le drap de Suzanne. De l'épaule et du coude, iI semble pousser Suzanne dans l'eau où elle se trouve déjà jusqu'aux genoux. Penchée en avant, elle a les mains croisées devant elle comme si elles étaient ligotées. Pour autant que nous puissions le discerner, elle retient son drap des deux mains. Dans le tableau berlinois, la petite porte par laquelle les vieillards ont pénétré dans le jardin est ouverte pour leur permettre de s'enfuir le cas échéant. Le dessin ultérieur ne montre aucune voie. Nous ne voyons ni comment Suzanne est descendue dans l'eau, ni d'espace où elle pourrait se mouvoir. La situation de Suzanne prise au piège, ne pouvant ni avancer ni reculer, est montrée de manière éclatante. Aucun geste n'indique un changement brusque. Tels qu'ils sont montrés, les mouvements peuvent se prolonger. Même les gestes qui soulignent les paroles sont très sobres. Par contre, le dessin accentue un effet montré dans la peinture berlinoise. Suzanne n'est pas importunée par un seul, mais par les deux vieillards à la fois. Celui de derrière semble pousser franchement son acolyte qui, sous cette pression, pèse de plus en plus sur Suzanne. Celle-ci est déjà entraînée dans l'eau. On dirait que la fragile jeune femme doit contrebalancer le poids des deux imposants personnages. Dans le tableau berlinois ou *Les Syndics des drapiers,* les actions des personnages pouvaient être envisagées sous des angles très divers qui incitaient le spectateur à imaginer le déroulement des événements. Ici, cette diversité est réduite, et le spectateur n'a plus à laisser libre cours à son imagination. Il n'éprouve plus que la sensation oppressante d'être pris au piège, de ne pouvoir ni avancer ni reculer. Dans le tableau berlinois, l'attitude de Suzanne avait plusieurs aspects, et la prise de conscience de sa détresse en était un parmi d'autres. Dans ce dernier dessin, cette angoisse en est le seul et unique aspect. Là, le paroxysme de l'action se traduisait par une rupture dans le déroulement de la scène. Ici, le point culminant correspond au présent qui s'étire et perdure: «La détresse de Suzanne – le dilemme de Suzanne».

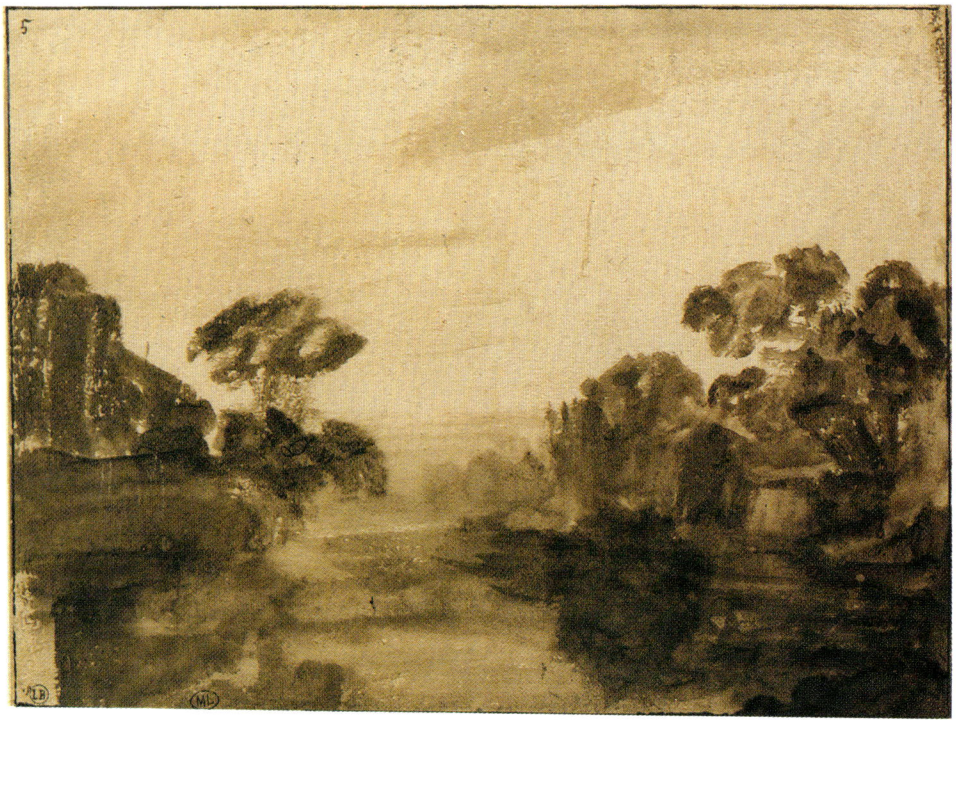

Rivière bordée d'arbres à la tombée du jour,
vers 1654-55
Pinceau et bistre, n° 5 de l'album Bonnat,
13,6 x 18,7 cm
Paris, Musée du Louvre, Cabinet des Dessins

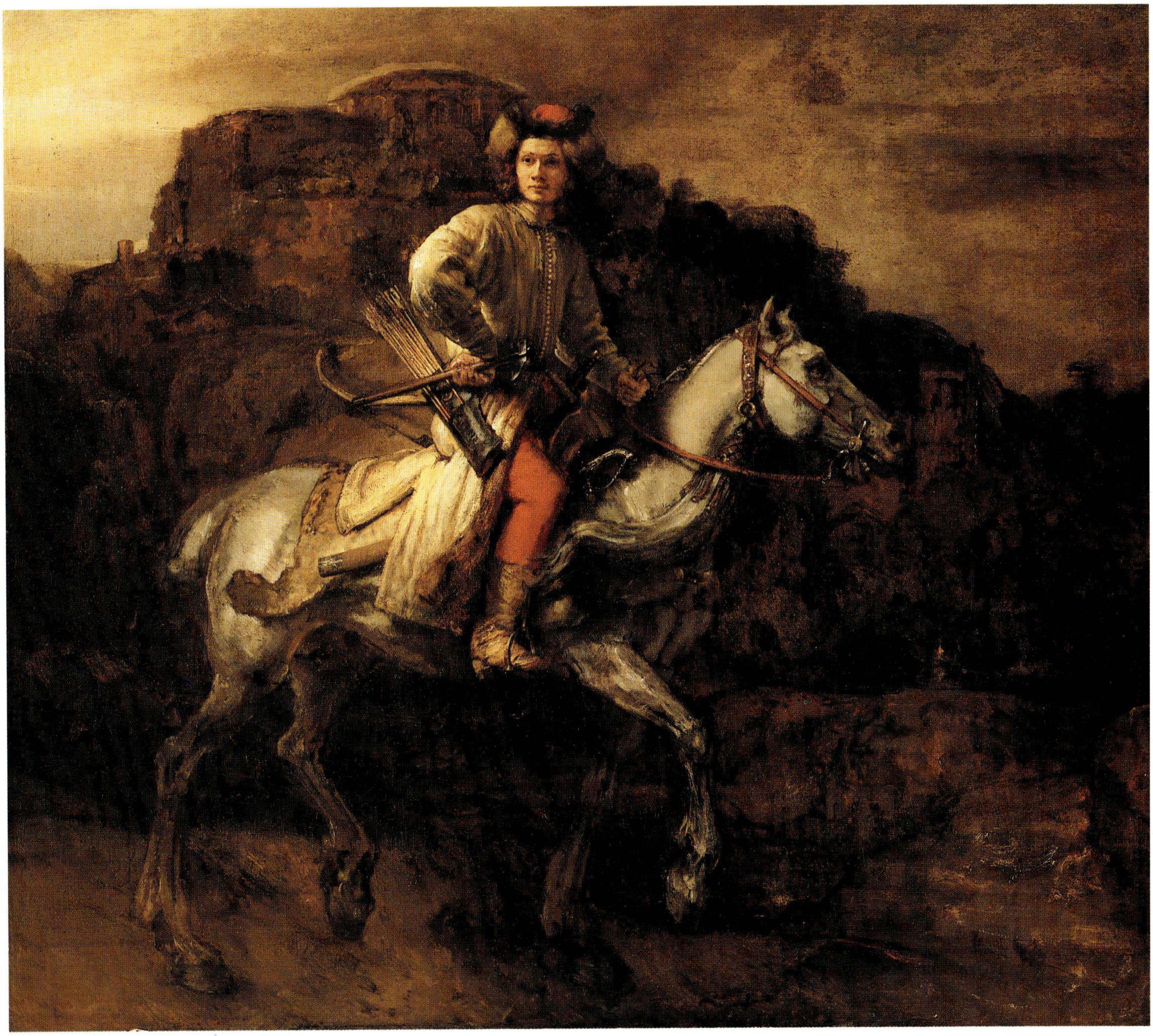

Le Cavalier polonais (authenticité contestée), vers 1655
Huile sur toile, 116,8 x 134,9 cm
New York, The Frick Collection

Cependant, la position des personnages entre pour très peu dans l'intensité dramatique si complexe et si subtilement rendue malgré l'immobilité des personnages. Nous ne pouvons pas décrire l'effet richement différencié et vivant sans décrire les figurations picturales des lignes. Ceci s'applique également à ce que nous avons dit précédemment. Si nous essayons par exemple de décrire l'expression du visage de Suzanne, nous nous apercevons qu'il est à peine reconnaissable. Il ne ressemble à aucune véritable physionomie. Le visage est divisé en deux moitiés totalement différentes qui ne font pas la même chose. Nous devons nous garder de mettre cela sur le compte des négligences propres aux esquisses si nous ne voulons pas passer à côté des éléments qui créent la tension dramatique de ce dessin.

Le visage de Suzanne décrit un ovale (ill. p. 67). Le bout du nez est complètement tourné à gauche. Le sourcil gauche coupe l'angle du nez à l'horizontale, le trait vertical représentant l'œil tourné vers la gauche forme avec le sourcil une autre pointe orientée à gauche. La bouche est formée de deux traits également pointés vers la gauche. Suzanne se retourne. Son regard apeuré, épouvanté, exprimant un refus catégorique croise celui du vieillard. Dans la moitié droite de l'ovale, la bouche s'élargit et s'arrondit. L'œil droit est lui aussi un accent arrondi, étiré vers le bas dans le coin droit, et placé sur la grande surface blanche de l'ovale. Par ce moyen, l'artiste esquisse un regard vers le ciel, sans direction déterminée, ouvert, sans défense, implorant une aide.

L'artiste procède de manière similaire pour rendre l'impression de pesanteur des deux vieillards courbés sur Suzanne. L'inclinaison de leurs contours compacts remplis de stries drues est de plus en plus marquée – si nous considérons le dessin de gauche à droite. Les lignes plus petites, plus fines et les pleins dénués de hachures produisent au contraire une impression de légèreté et de fragilité. Cette structure linéaire étant la plus basse et la dernière de la série décroissante, elle accroche le regard qui vient d'en haut. Nous percevons cette impression de pesanteur sans forcément devoir décomposer les détails de l'action d'après les personnages. Le visage de Suzanne trahit le caractère de l'événement par le seul effet du graphisme fait d'angles, d'arcs de cercle et de points judicieusement placés.

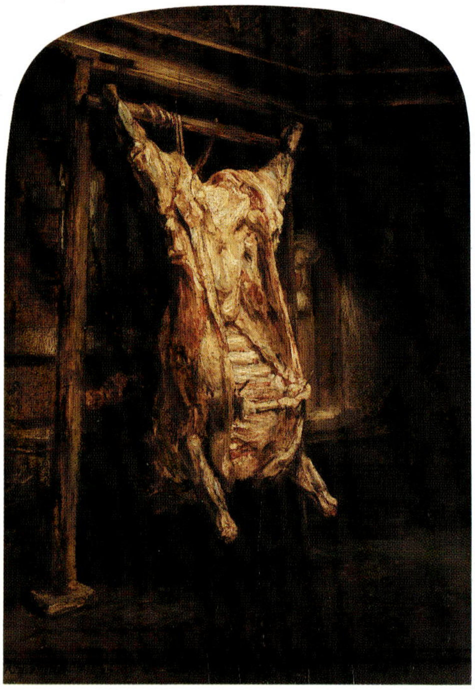

Le Bœuf écorché, 1655
Huile sur bois, 94 x 69 cm
Paris, Musée du Louvre

De cette manière, certains domaines du dessin qui passeraient inaperçus ou seraient négligés comme arrière-fond ou comme décors prennent une dimension dramatique. L'ombre de l'arbre esquissée en arrière-plan est striée beaucoup plus violemment que les personnages. Et ce déchaînement n'est pas neutre, il est ressenti comme une menace qui gonfle. Les lignes verticales qui partent de la tour coupée en haut à droite, se prolongent dans le tronc de l'arbre et aboutissent au bloc inférieur droit en saillie. Généralement, les longues lignes verticales apaisent et stabilisent une composition. Ici, leur effet est amoindri, car elles sont interrompues à la hauteur du visage de Suzanne par la balustrade horizontale et la spirale des vêtements.

Cette analyse des lignes nous permet de décomposer les mouvements des yeux du spectateur face au tableau. Si son regard suit les hachures grossières de l'espace occupé par l'arbre au-dessus de Suzanne, il est pris dans un va-et-vient aussi impétueux que ces traits. S'il longe les lignes verticales, il glisse le long des limites du dessin, le seul de cette série à être plus haut que large. S'il interrompt ce mouvement vertical au niveau des vêtements de Suzanne pour en suivre la ligne sinueuse, le regard est enfermé dans une course aux limites étroites. S'il épouse les angles droits des blocs de pierre ou les croisillons de la grille, le flux des mouvements s'annule et s'immobilise dans une structure statique.

Le dessin impose au regard du spectateur une série de mouvements qu'il accélère ou ralentit et qu'il canalise dans des formes bien définies. Le mouvement du regard recompose le dessin. Si l'on définit le *geste* comme étant un mouvement caractéristique, le regard se transforme en geste exécuté par le spectateur, mais modelé par la structure de l'œuvre. La nature de ce geste coïncide avec l'événement dramatique qui est représenté. Nul besoin d'interpréter les mimiques, les gestes ou l'environnement des personnages pour saisir la détresse de Suzanne, la menace et le poids de plus en plus lourd et insistant qui pèsent sur elle, l'alternative désespérée à la-

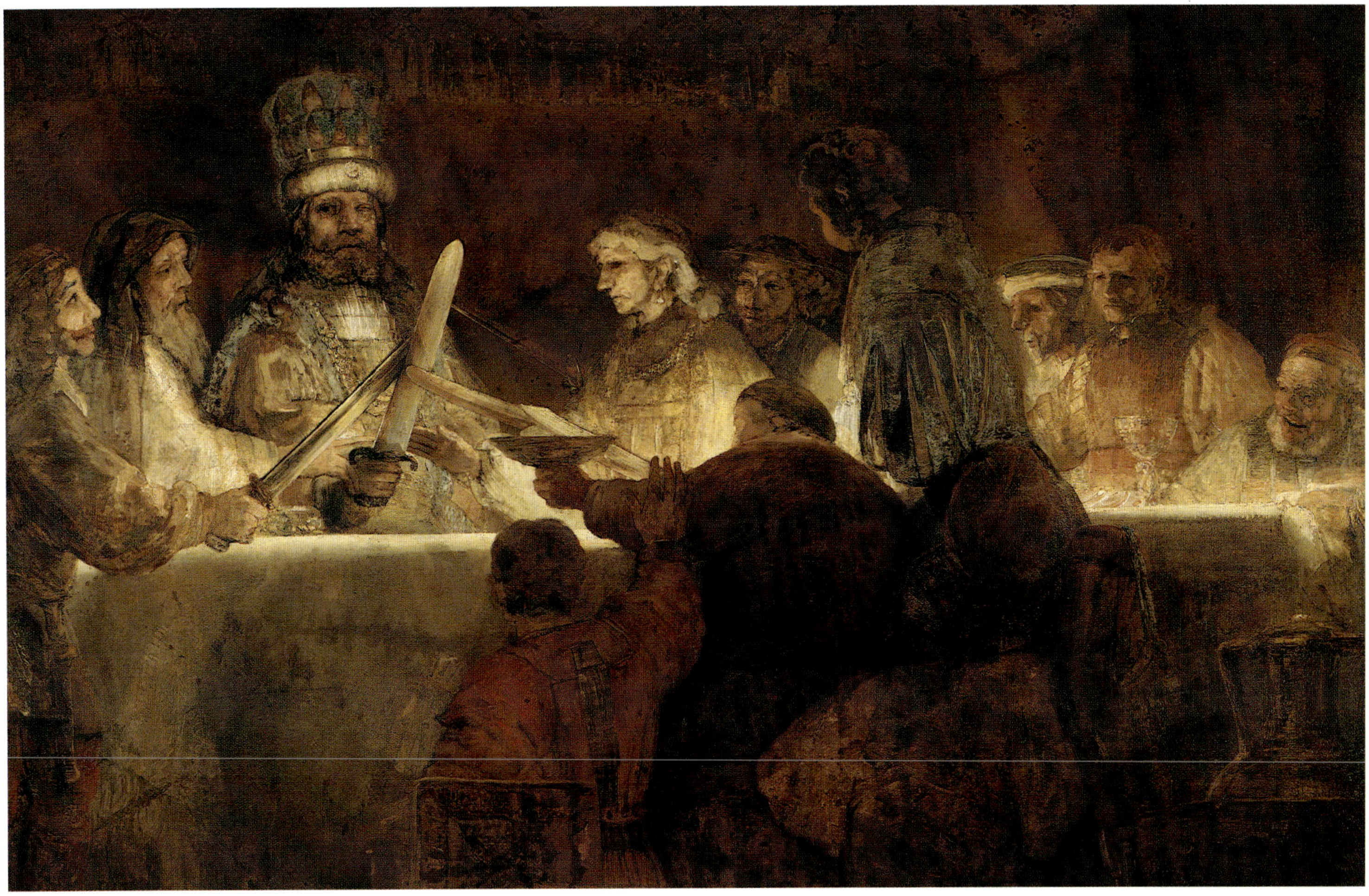

La Conjuration de Claudius Civilis, vers 1661/62
Huile sur toile, 196 x 309 cm
Stockholm, Musée National

quelle elle est confrontée: tout cet indissoluble présent qui s'éternise apparaît spontanément à mesure que le regard progresse le long des formes et des tracés du dessin. Jusqu'alors, la vie intérieure des personnages se lisait sur leur visage; ici, c'est le spectateur qui par les mouvements de son regard reconstitue le déroulement et la charge dramatique de l'événement.

Revenons sur un détail qui illustrera notre propos. Le visage de Suzanne ne donnait pas de prise à une véritable description. Seuls des détails d'ordre graphique se condensaient pour traduire à la fois le sentiment d'abandon et le refus de la jeune femme. Ce refus était la dominante qui conditionnait tout le langage gestuel de Suzanne dans la première scène construite comme un dialogue. Les angles dont la pointe est dirigée contre une personne évoquent le rejet. L'ébauche d'un geste, présentée comme une courbe infléchie, évoque la pesanteur et la tristesse. En soi, ces éléments graphiques sont neutres, mais le regard du spectateur actualise leurs ressources expressives. En d'autres termes, il agit comme un révélateur.

La représentation picturale d'actions extérieures est toujours imparfaite, car elle fait inévitablement référence à des prémisses qu'il faut chercher en dehors du tableau. Il en va de même pour le processus intérieur montré dans le tableau de Berlin où Suzanne a pris sa décision et cherche une issue. Là, seule l'attitude et la physionomie de Suzanne permettent de déduire la réflexion qui l'occupe. Le spectateur doit dépasser ce qu'il voit,

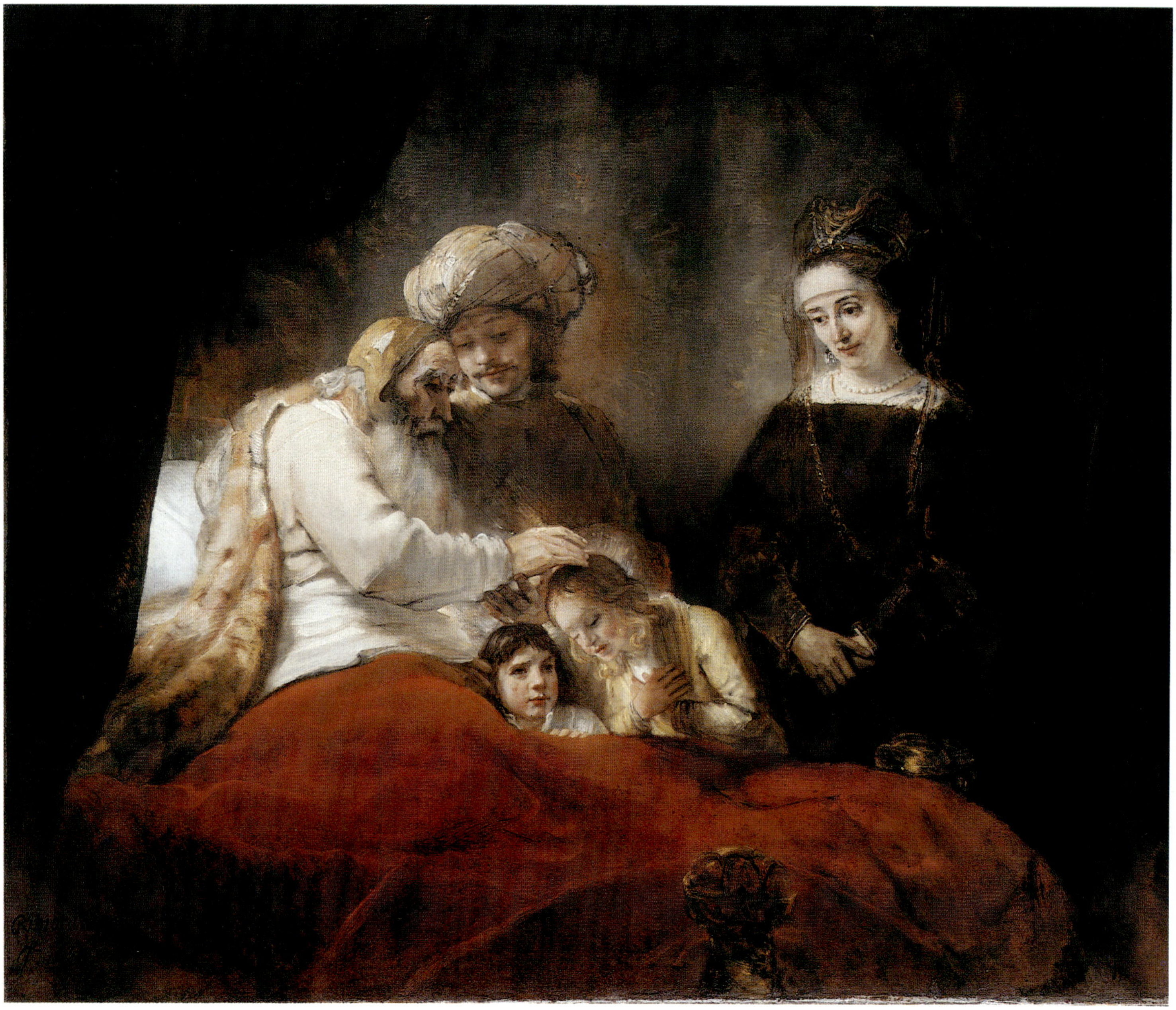

puisqu'il ne peut pas voir l'activité intérieure de l'héroïne, mais seulement la lire sur son visage. Dans le dessin ultérieur, le spectateur peut s'en tenir à ce qu'il voit, car le dramatique de la situation ressort directement de l'observation.

En voulant transposer un événement temporel dramatique dans un présent immédiatement sensible, Rembrandt a atteint les limites non pas du tableau en tant que tel, mais de la figuration d'une réalité. Dans le dernier dessin, l'artiste franchit un pas essentiel par rapport à toutes les versions antérieures: l'image ne montre plus ce qu'il convient de comprendre, et le spectateur prend conscience de l'événement dramatique par le simple fait de regarder l'œuvre. A la recherche de la forme qui fait du regard et de l'observation un facteur capital, Rembrandt pousse le spectateur sur la voie d'une expérience visuelle inépuisable.

L'étude rétrospective de l'œuvre de Rembrandt montre que l'artiste est resté fidèle à ses débuts. Les histoires, les portraits mais aussi les quelques paysages qu'il a réalisés sont tous composés comme des événements. Ce caractère événementiel évolue pour affleurer lui-même à la surface de l'image. Le dessin de *Suzanne au bain* décrit ce cheminement. Les lignes du dessin sont actives, elles forcent le regard du spectateur à décrire des gestes qui correspondent au mouvement intérieur de l'événement. Dans les œuvres tardives et dans les toutes dernières compositions, le clair-obscur et la couleur sont également traités comme des éléments fugaces, en évolution. Il faudrait à cet égard examiner les grandes toiles comme *Jacob bénissant les fils de Joseph* (ill. p. 76). La scène trouve la tranquillité extérieure au moment où le vieillard donne sa bénédiction aux enfants. Citons encore *La Conjuration de Claudius Civilis* également appelé *Julius Civilis* (ill. p. 75). Par son ampleur et le nombre de personnages, ce fragment rappelle les œuvres du début et du milieu de la carrière de Rembrandt. Mais il est entièrement concentré sur l'acte unificateur de la conjuration. Pour terminer, évoquons la dernière scène d'histoire de Rembrandt, *Le Retour de l'enfant prodigue* (ill. p. 77) qui fut d'ailleurs achevée par un autre peintre. L'artiste a choisi l'instant où toute agitation extérieure trouve son terme dans l'affection du fils et le pardon du père. Toute la série tardive des histoires à un ou deux personnages entre dans ce schéma: *Bethsabée et la lettre du roi David* (ill. p. 2) ou *Aristote et le buste d'Homère* (ill. p. 89). Bethsabée tient pensivement la lettre dans laquelle le roi David demande à la jeune femme de venir le rejoindre, la plaçant ainsi devant la perspective de l'adultère. Dans l'autre tableau, Aristote plongé dans ses pensées a posé une main sur le buste du poète aveugle. *Homère dictant à un scribe* (ill. p. 86) montre la réflexion du poète formulant ses pensées. Le geste de la main renvoie à un autre dessin (ill. p. 87). Quatre tableaux représentant les évangélistes varient également ce thème. La toile *Isaac et Rébecca* (*La Fiancée juive*, ill. p. 80/81) nous permettra d'illustrer et de développer les qualités qui caractérisent les œuvres de la dernière période de Rembrandt.

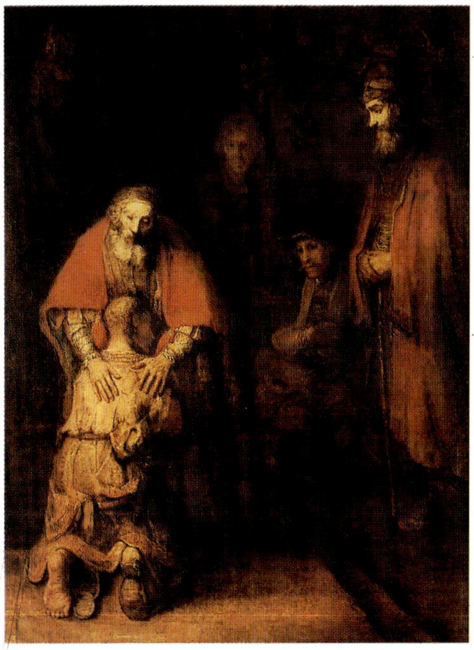

Le Retour de l'enfant prodigue, vers 1666/69
Huile sur toile, 262 x 206 cm
St. Petersbourg, Musée de l'Ermitage

Jacob bénissant les fils de Joseph, 1656
Huile sur toile, 175 x 210,5 cm
Kassel, Gemäldegalerie Alte Meister,
Staatliche Kunstsammlungen Kassel

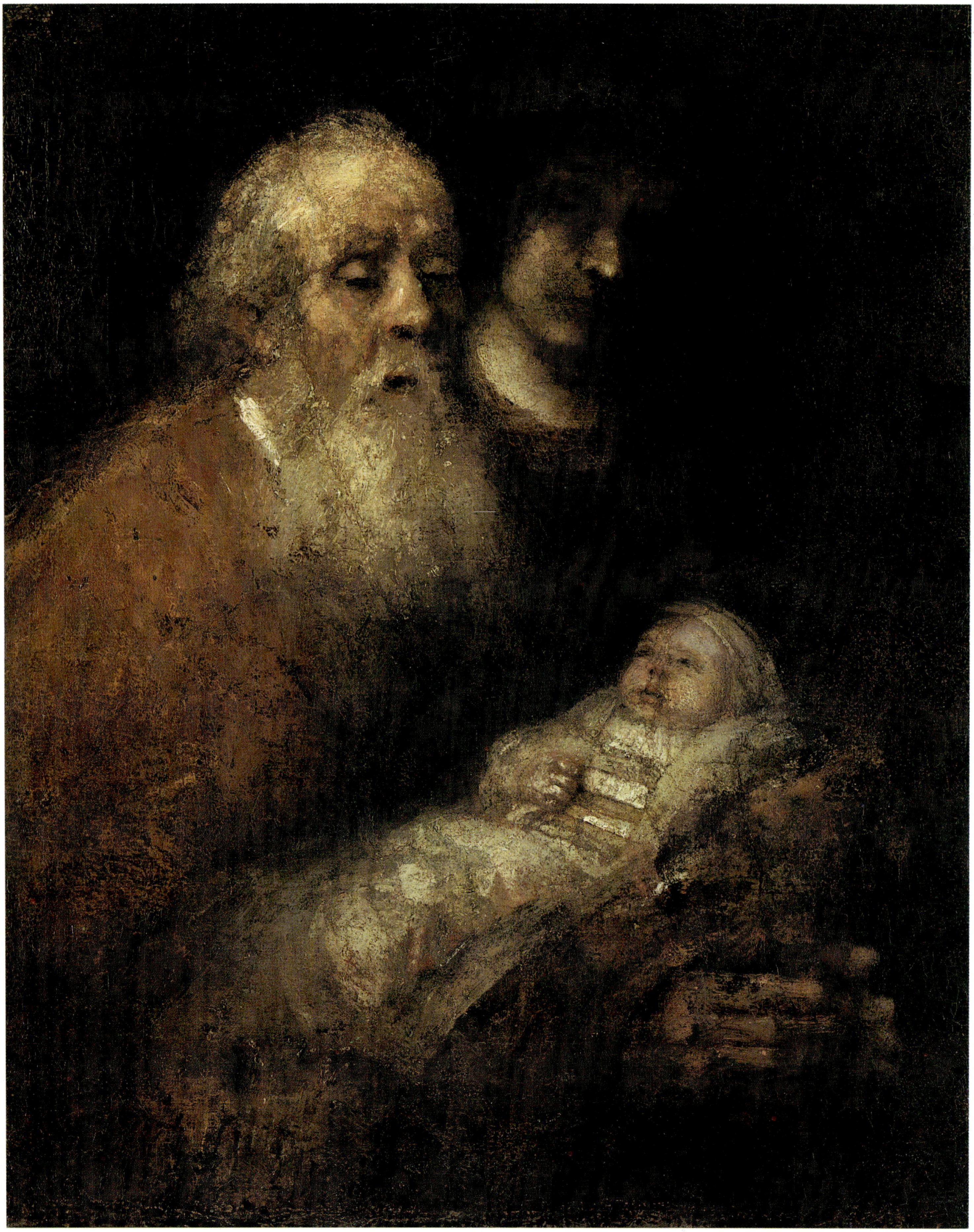

Le mystère de l'apparition: La Fiancée juive

Le tableau *Isaac et Rébecca* (*La Fiancée juive,* ill. p. 80/81) a été sujet à de nombreuses interprétations. Longtemps, on pensa qu'il représentait une jeune fiancée juive quittant son père pour rejoindre son futur époux, d'où le titre *La Fiancée juive.* Le titre actuel trouve sa justification dans un dessin de Rembrandt (ill. p. 79). Inspiré lui aussi d'une histoire biblique, le tableau ne montre toutefois qu'un couple réuni. Seul le mur qui se dresse derrière les personnages évoque le puits près duquel, selon la Bible, le roi Abimélech observa Isaac et Rébecca. Mais cet épisode de l'histoire est complètement gommé de la toile. Sur le dessin, la jeune femme est assise sur les genoux de l'homme. Dans le tableau, les deux personnages sont très proches l'un de l'autre, sans qu'il soit véritablement possible de discerner s'ils sont assis ou debout. Isaac se penche vers Rébecca, entourant ses épaules d'un bras, la main droite posée sur la poitrine de la jeune femme. Ils ne se regardent pas et paraissent plongés dans leurs pensées. En signe d'assentiment, Rébecca touche la main qu'Isaac a posée sur sa poitrine. Sur le dessin, la pose des personnages est identique, mais Isaac regarde Rébecca. Le thème de l'étreinte se retrouve dans un contexte différent emprunté à l'histoire du fils prodigue: un dessin de Rembrandt montre le fils prodigue à l'auberge empoignant la poitrine de la fille assise sur ses genoux. Dans *Le Fils prodigue au bordel* l'artiste s'est représenté avec sa femme sur les genoux (ill. p. 47) et par le jeu des rôles, il donne à cet autoportrait une dimension universelle. Dans *La Fiancée juive*, les visages et la situation sont tellement individualisés qu'on ne peut imaginer que le tableau ait été réalisé sans modèles. Il s'agit très vraisemblablement du portrait de Titus et de sa femme Magdalena van Loo. A la faveur du portrait, cette scène universelle d'un couple uni prend l'allure d'une rencontre personnelle.

Le tableau ne montre aucune action se manifestant par un mouvement. L'attitude paisible des personnages recouvre la fusion des amants dans les gestes d'enlacement et d'effleurement, dans l'échange et dans la communion spirituelle. Cette activité intérieure n'est pas susceptible de s'opposer à l'immobilisme du tableau. La tranquillité est au contraire la condition essentielle pour pouvoir ressentir ce qui se passe dans cette scène.

En décrivant la scène de *Suzanne au bain,* nous avons mis en évidence l'effet produit par le graphisme qui guide le spectateur dans la compréhension de l'œuvre. Du point de vue du dessin, *La Fiancée juive* ne pré-

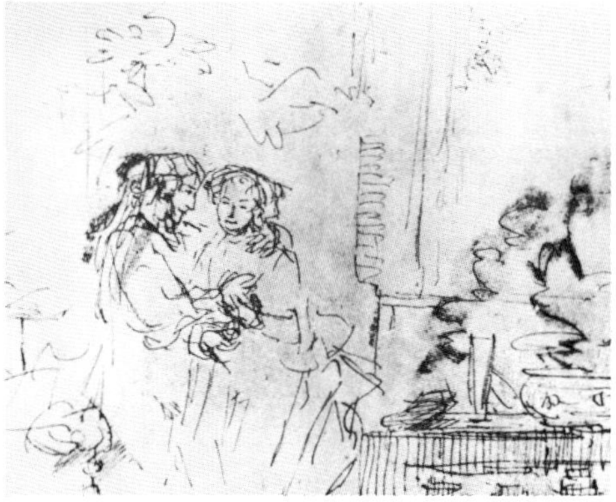

Isaac et Rébecca observés par Abimélech, vers 1655-56
Plume et bistre, 14,5 x 18,5 cm
New York, propriété privée

ILLUSTRATION DES PAGES 80/81 :
Isaac et Rébecca (La Fiancée juive), vers 1666
Huile sur toile, 121,5 x 166,5 cm
Amsterdam, Rijksmuseum

Siméon glorifiant l'enfant Jésus, vers 1666-69
Huile sur toile, 98 x 79 cm
Stockholm, Musée National

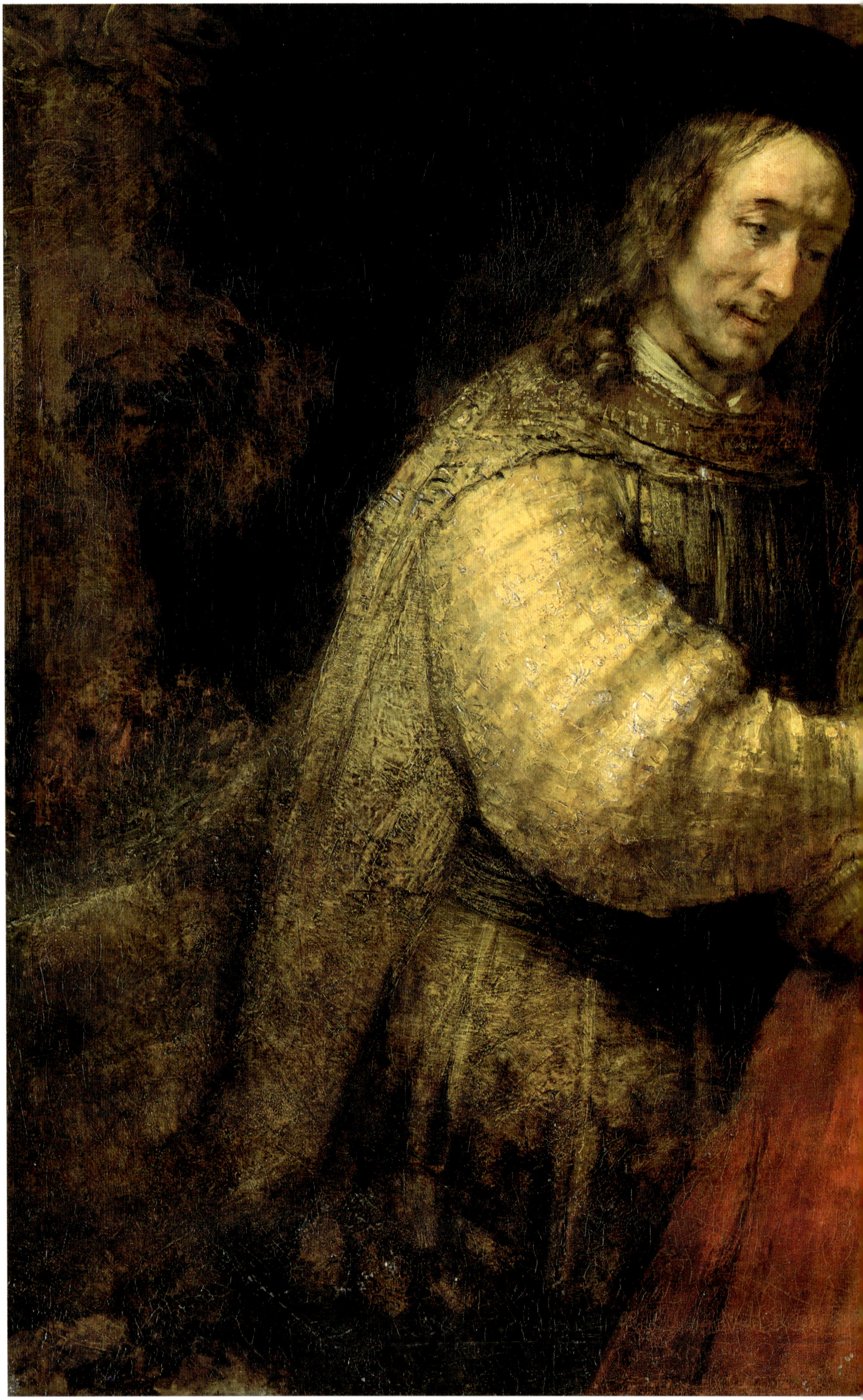

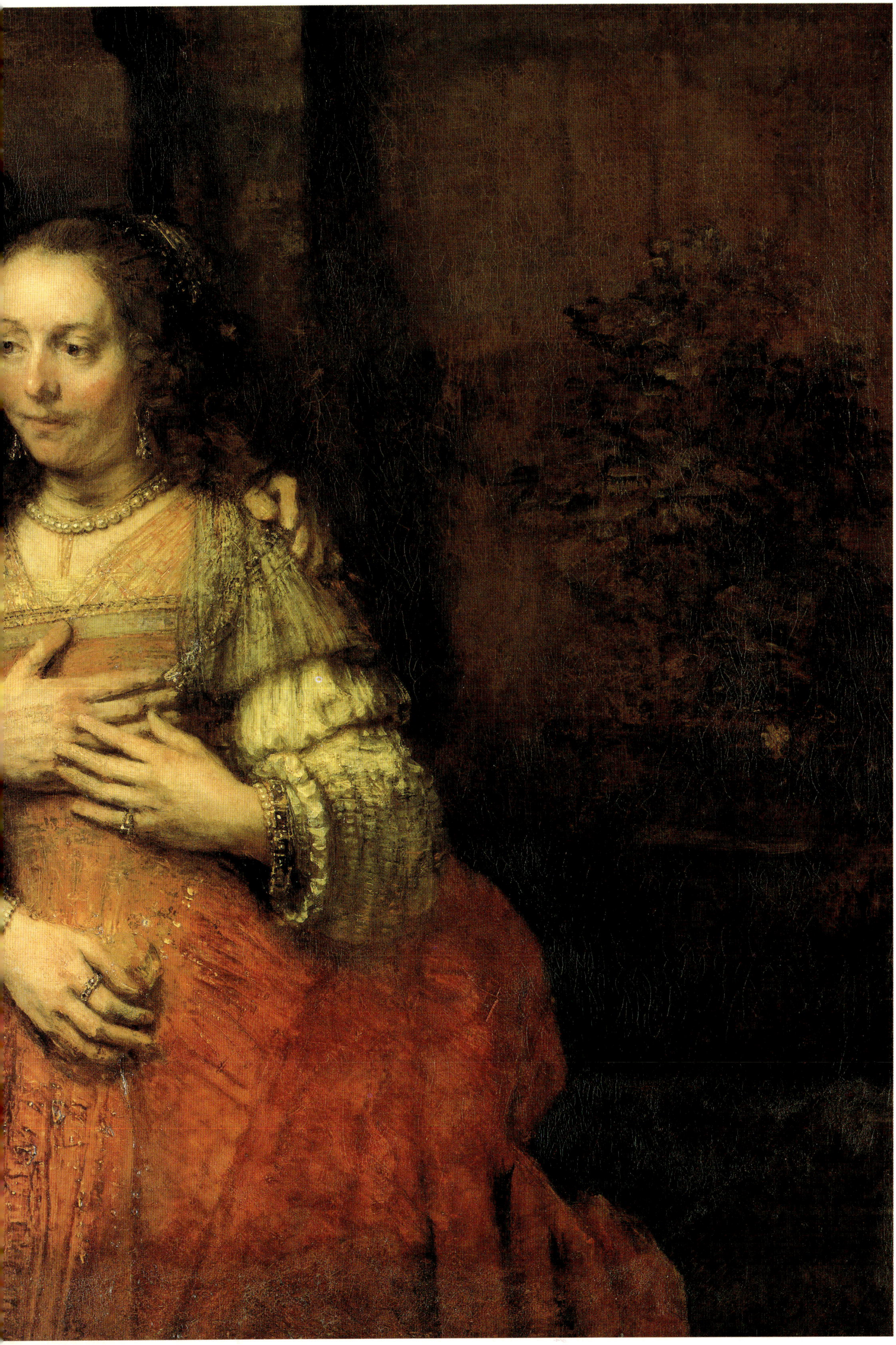

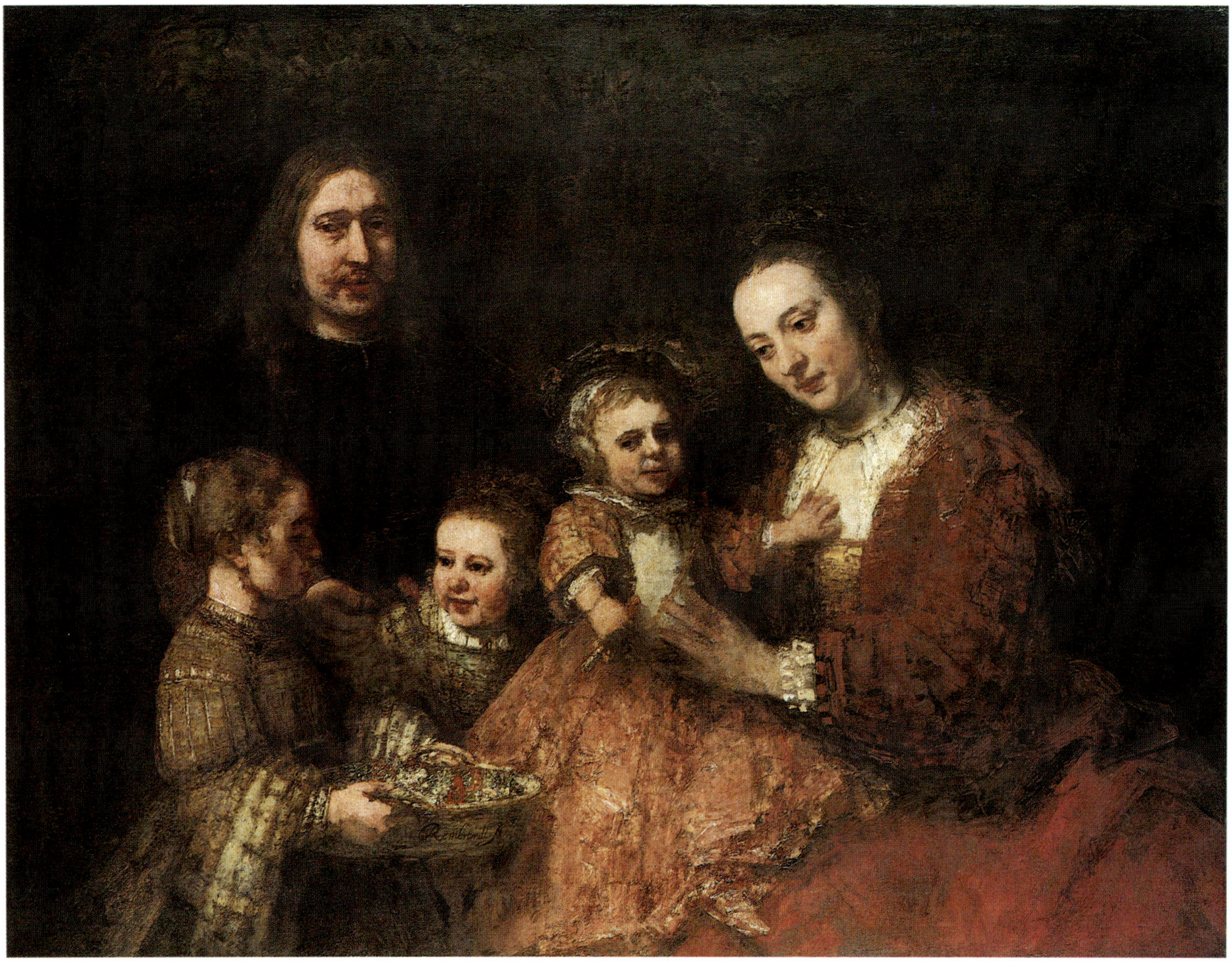

Portrait de famille, vers 1668-69
Huile sur toile, 126 x 167 cm
Brunswick, Herzog Anton Ulrich-Museum

sente pas de structure d'ensemble cohérente ni de linéament puissant. Nous ne trouvons de lignes tangibles que dans les parties du milieu. Seuls les contours des visages, des mains et des bras ainsi que la garniture de l'encolure tranchent par leurs lignes nettes. Mais celles-ci n'ont aucun prolongement. De part et d'autre du couple, les contours perdent leur netteté. Les verticales de la margelle du puits ou la ligne horizontale qui, en bas à droite, pourrait esquisser un banc ne sont pas des tracés précis, mais apparaissent simplement comme d'étroites bandes entre des zones de clarté différente. (Il faut tenir compte de l'effet réducteur de la reproduction). Si nous procédons en sens inverse, c'est-à-dire de la périphérie vers le milieu, les contours du manteau ressortent, de bas en haut, avec une netteté croissante. Mais même dans la partie centrale du tableau, la netteté des lignes est toute relative et dans les détails évoqués plus haut, elles demeurent également inconsistantes, mouvantes. Seule leur plus grande densité les distingue des lignes qui s'élargissent et se fondent dans l'espace environnant. Les lignes ne sont pas un moyen de composition picturale à part entière, mais le résultat des transitions plus ou moins marquées dans le clair-obscur coloré. Les endroits de plus grande netteté coïncident avec ceux où le contraste des zones claires et foncées est le plus accentué. En les suivant du regard, des bords du tableau vers le milieu, nous percevons les lignes par leur densité croissante. Mais de même que les contours au milieu du tableau ne sont pas totalement tranchés, l'environnement ne se dissout pas non plus complètement. Le regard reste en suspens, et selon la direction dans laquelle il se déplace, il perçoit les glissements, les tendances, changeantes et mouvantes, à l'épuration et à la dissolution, à la concentration et à la diffusion, à la composition et à la décomposition.

Relevons en passant un élément non négligeable. Si l'on cache la partie centrale du tableau, on est frappé par l'inconsistance de l'environnement. Près du bord, il devient impossible de distinguer quoi que ce soit de concret. Mais on retrouve l'effet de transposition déjà évoqué dans *La Ronde de nuit* où l'ombre de la main du capitaine Banning Cocq est si convaincante que le spectateur a l'illusion de saisir dans le reste du tableau des détails pour lesquels il manque de points de repère picturaux. En effet, concrètement, aucun couple ne peut se tenir ainsi, ni debout, ni assis et aucune lumière ne peut fournir un tel éclairage. La mollesse des lignes produit malgré tout une impression de concret dans la mesure où, comme dans *Les Syndics des drapiers*, elle est perçue comme une ambiance. Celle-ci va toutefois au-delà de toute comparaison empirique, avec les conséquences que nous verrons par la suite.

Le mouvement du regard est stimulé et guidé non pas par des traits, mais par les larges bandes claires des bras et des mains dont les lignes font office de contours. Les visages ovales comptent parmi les parties les plus claires du tableau et ils ont tendance à attirer et à retenir le regard qui, lorsqu'il s'en détache, éprouve une certaine réticence à capter un autre pan du tableau ou à suivre les «bandes» évoquées auparavant. Parmi une foule de remarques, deux observations s'imposent qui mettent en évidence l'impact particulier de cette toile.

Nous avons évoqué l'attraction qu'exercent les visages sur le regard du spectateur. Cet attrait ne part toutefois que d'un seul visage à la fois. Si l'on essaie de regarder longuement l'une des deux têtes, l'attraction qui émane de l'autre augmente. Les ovales sont trop rapprochés pour que l'on puisse en regarder un en faisant abstraction de l'autre. Si l'on cède à l'at-

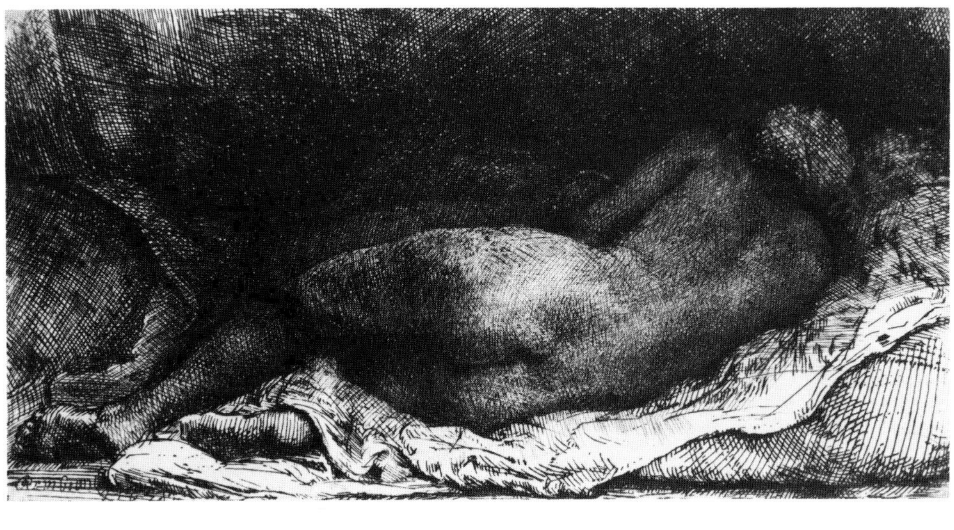

Femme allongée, 1658
Pointe sèche et burin, IIe état, 8,0 x 15,7 cm
Amsterdam, Rijksmuseum

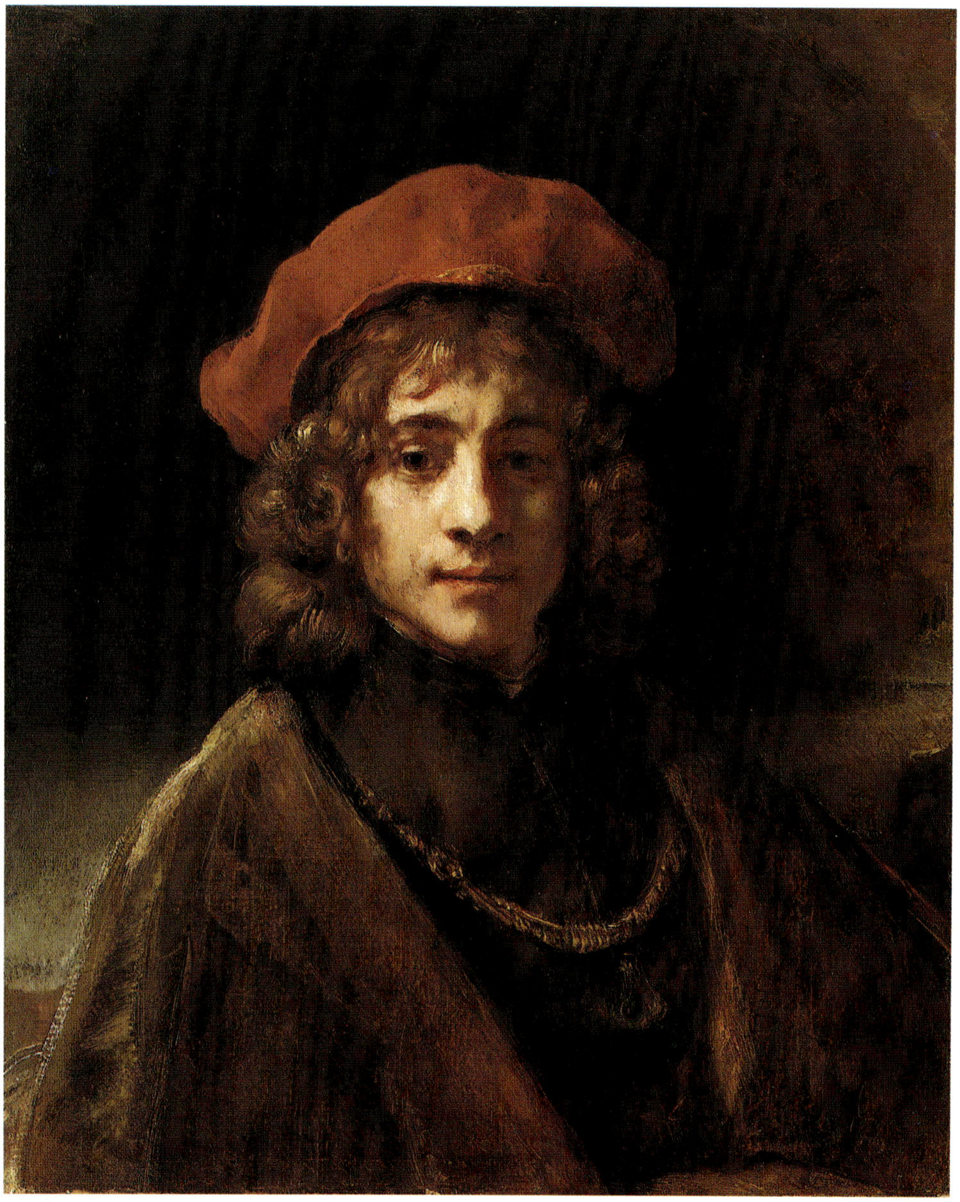

Titus, vers 1658
Huile sur toile, 67,3 x 55,2 cm
Londres, Wallace Collection,
avec l'aimable autorisation des conservateurs

trait du second visage, le regard fait un bond pour franchir la zone qui sépare les deux visages et qui est l'une des plus sombres du tableau. Immédiatement, l'effet du premier ovale se manifeste à nouveau pour attirer vers lui le regard du spectateur. Cette alternance est fluctuante, son rythme n'est pas rapide et elle ne suit pas une cadence tangible. Elle est comparable à un intervalle musical. Lorsque l'on veut prêter attention à une note en particulier, c'est l'autre qui se fait d'autant plus remarquer. La qualité propre d'un intervalle se trouve entre les deux – inaudible et malgré tout audible. Dans le tableau le mouvement entre les ovales clairs présente cette même subtile relation – à la fois visible et invisible.

La luminosité des visages est reprise plus bas par les autres formes claires si bien qu'ils sont à la fois le point de départ et l'aboutissement du regard qui, de gauche à droite, part de l'épaule et du bras d'Isaac jusqu'à la poitrine de Rébecca et de là passe par la garniture de l'encolure et la gorge de Rébecca pour remonter jusqu'à sa tête. Le cercle ainsi décrit ne se referme pas entre les deux têtes, le regard est incité à refaire le mouvement inverse pour ensuite refaire le même parcours. Mais à la différence de la première fois, le spectateur voit non seulement ce qui se trouve sur ce parcours, mais aussi ce qui est à côté. Il a ici la possibilité de s'écarter pour remonter sur la main posée sur la poitrine de Rébecca jusqu'à l'épaule droite de la jeune femme. De là, il peut glisser sur sa manche droite et redescendre jusqu'aux mains puis, conservant cette orientation, suivre la garniture de l'encolure jusqu'à l'épaule droite d'Isaac, puis longer la fermeture de son manteau pour aboutir à la bande du bras, et ainsi de suite. Le mouvement des yeux décrit approximativement la forme d'un huit que le spectateur pourrait refermer un peu à sa guise.

En progressant de cette manière, le regard actualise les rapports virtuels entre les éléments du tableau. Par là-même, le mouvement du regard épouse le caractère de ces relations. Les mouvements sont subjectifs, puisqu'il revient au spectateur de les exécuter, mais ils prennent forme au contact des éléments picturaux qui sont des données objectives. Le mouvement subjectif et la forme objective s'allient pour donner naissance au *geste*. C'est dans le geste accompli par le spectateur que le tableau s'exprime. Mais pour formuler ce qui émane exactement du tableau une approche différente est nécessaire. A vouloir cerner par les mots toute leur diversité et leur complexité, nous passerions à côté des nuances que nous saisissons intuitivement. Les notions d'unité et de dualité ne décrivent que très imparfaitement la nature des rapports qui s'établissent dans *La*

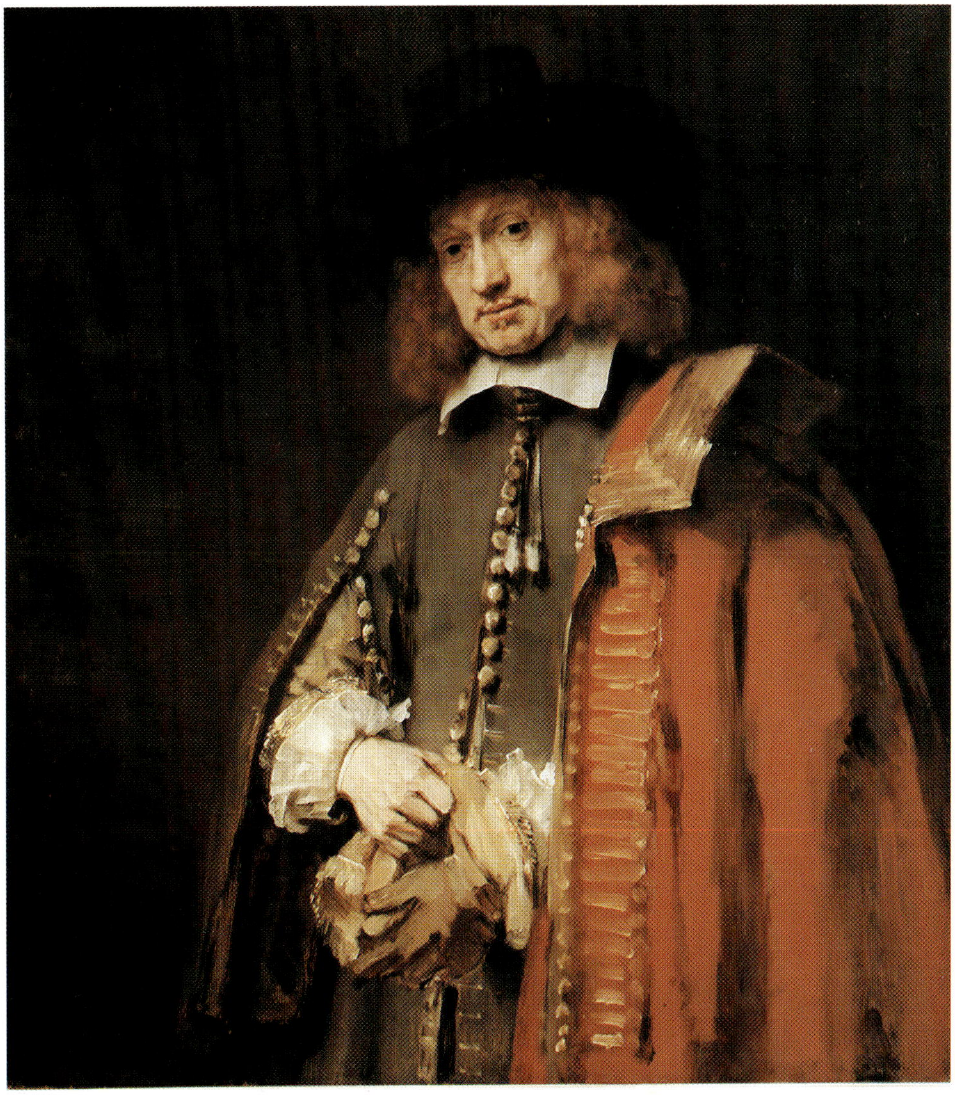

Jan Six, 1654
Huile sur toile, 112 x 102 cm
Amsterdam, collection Six

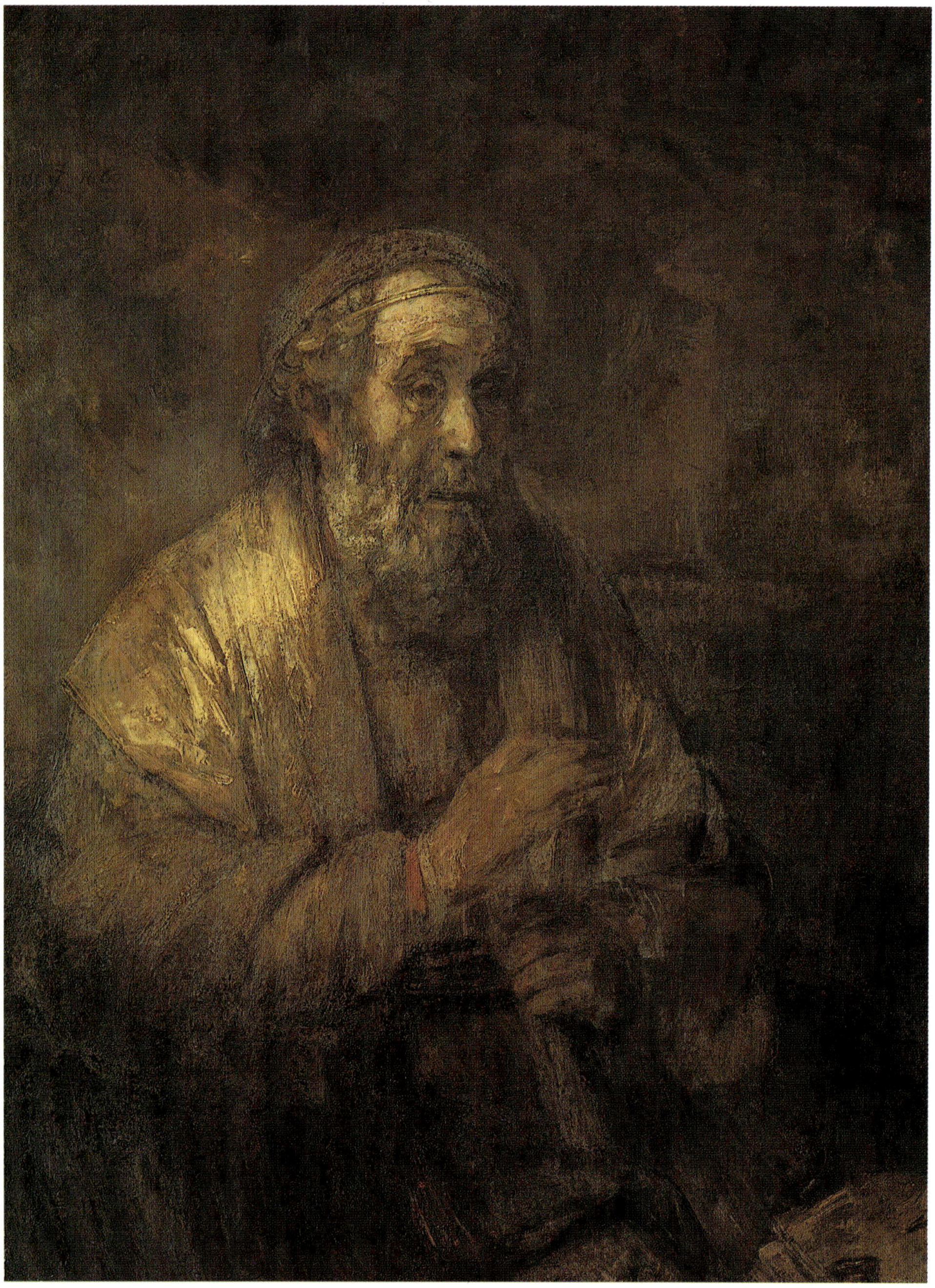

Homère, 1663
Huile sur toile, 108 x 82,4 cm
La Haye, Mauritshuis

Fiancée juive. Le va-et-vient du regard entre les champs clairs des visages montre la dualité de ce couple par ailleurs si uni. Dans le mouvement du regard décrivant la forme d'un huit, ce sont les tendances à l'entrelacement, à l'effacement de la dualité qui prévalent. Les gestes purement visuels évoqués ici sont le prétexte à la réalisation immédiate d'une structure interne fondée sur la fusion de deux individus, sur la dualité dans l'unité. Le regard reconstitue le geste éternel des amants dont l'expression la plus ardente et la plus spontanée est l'étreinte.

C'est la couleur qui donne au tableau sa cohésion. Le ton rouge de la robe de Rébecca est un exemple représentatif de tous les tons du tableau. Ce rouge est très fortement mêlé, il est assombri par endroits de particules brun foncé, presque noires, ailleurs éclairci de jaune et ponctuellement de blanc. La fine texture vernissée, tantôt opaque et tantôt translucide révèle les coups de brosse et de spatule. Observé à quelques pas de distance, le tissu rouge s'unifie sans toutefois parvenir à une totale uniformité. D'un point de vue objectif, le spectateur peut voir dans les parties sombres et claires le jeu des ombres et de la lumière dans les plis de la robe, la raideur ou la souplesse de l'étoffe, notamment du velours qui ne tombe pas en plis lisses et chatoie à la lumière ou laisse au contraire le regard plonger dans son épaisseur. Pour compléter cette interprétation objective, il faut tenir également compte de l'effet déjà constaté dans *Les Syndics des drapiers* où l'harmonisation des couleurs autour d'un ton mordoré semble due à un voile brumeux traversé par la lumière et intercalé entre l'œil du spectateur et les choses. Si nous voulions ignorer cette atmosphère voilée et nous en tenir uniquement au ton de la robe, celle-ci nous semblerait sale ou même tachée de moisissures. Au contraire, le ton de rouge paraît chaud, velouté, comme irradié de l'intérieur. Inconsciemment, nous percevons ce ton rouge comme s'il était soumis aux trois facteurs cités, l'éclairage, la nature de l'étoffe et l'atmosphère embrumée. Nous supposons implicitement que le rouge de la robe est uniforme et inhérent à son étoffe. C'est sur cette certitude qui ne cherche pas plus loin que repose la convention acceptée tacitement par tout spectateur d'un tableau figuratif. Du fait de ce sous-entendu, le rapport de cause à effet entre la couleur et l'objet se trouve inversé. La robe de velours, son éclairage et l'atmosphère visible n'existent pas en tant que tels dans le tableau et ne sont donc pas porteurs de la qualité „rouge". C'est le rouge du tableau en interaction avec les autres éléments picturaux qui amène l'imagination à reconnaître l'objectivité citée. Ce rouge tel qu'il est devant nos yeux porte en lui l'idée de robe, d'étoffe, d'atmosphère et de lumière. Dans la reproduction picturale, ce sont les propriétés qui véhiculent l'objet.

Cette remarque peut paraître banale, mais elle soulève une question beaucoup plus complexe: comment saisir la tonalité de la couleur? Car si l'on oublie un moment toute référence à l'objet, la couleur semble modifiée: vue de loin, elle paraît tachée et insignifiante. Mais si on l'accepte telle quelle, on perçoit ce ton comme un rouge pur, chaud, rayonnant. Théoriquement, il n'est pas possible de voir une couleur autrement qu'elle n'est, ou bien il ne s'agit plus de la même couleur. Comment parvient-on donc à cette impression de tonalités harmonieuses? Le pigment appliqué sur la toile ne contient pas la moindre particule du ton rouge qui apparaît comme le rouge de la robe. Nous voyons ce ton, et pourtant il n'existe pas. Si l'on recherche une preuve matérielle dans la structure des couleurs, il se décompose en une indescriptible diversité de nuances. Le blanc, le jaune d'or, le mordoré, le brun foncé, le noir – toutes ces couleurs sautent aux yeux, elles s'écartent du rouge, mais sans jamais le perdre totalement. A tout instant, l'œil est capable de percevoir à nouveau le ton rouge dans son unité antérieure. Cette reconstitution ne va toutefois pas jusqu'à recréer un rouge couvrant et opaque. Même lorsque le rouge paraît lumineux, le regard ne peut que l'approcher. L'impression est fugace. Elle peut à tout moment diminuer pour mieux se renforcer l'instant d'après. Nous avons constaté que les lignes du tableau forment un système où les contours sont à la fois relativement marqués et flous, qui se maintient dans un état intermédiaire entre la composition et la décomposition. Ce même phénomène se vérifie maintenant pour la couleur du tableau. Le spectateur ne peut pas la saisir comme une tonalité définitive,

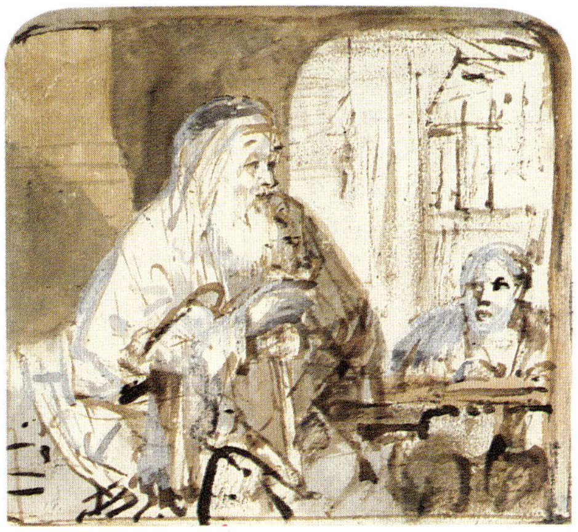

Homère dictant à un scribe
Plume et bistre, pinceau, rehauts blancs, 14,5 x 16,7 cm
Stockholm, Musée National

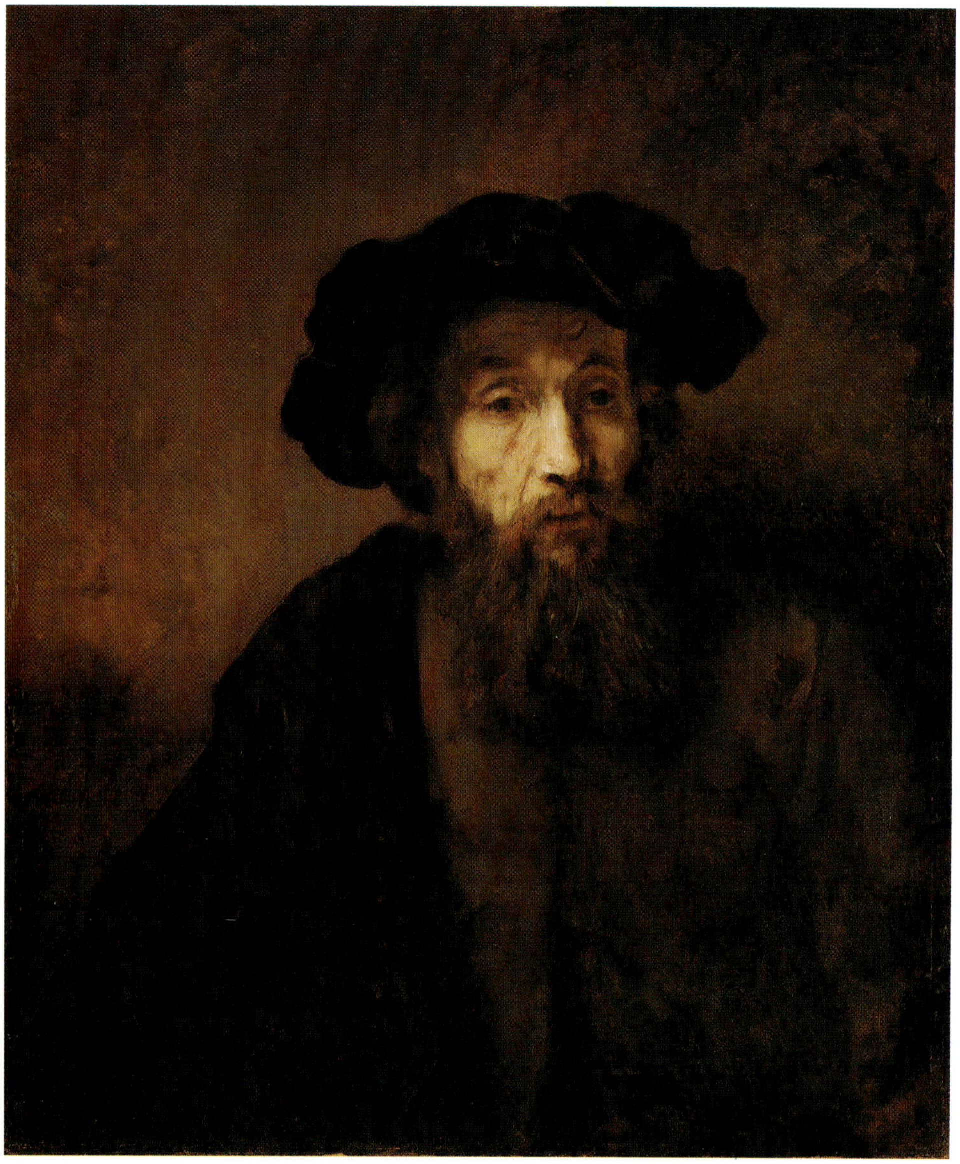

Homme barbu au béret, vers 1657
Huile sur toile, 78 x 66,7 cm
Londres, The National Gallery

mais comme un ton qui a tendance à se rapprocher ou à s'éloigner du rouge et se trouve dans un état intermédiaire mouvant entre la concentration et la dissolution, entre l'illumination et l'obscurcissement, la présence et le retrait, bref entre l'apparition et la disparition.

En conséquence, les effets visuels de la surface picturale sont perçus comme quelque chose en devenir qui ne se distingue pas fondamentalement du mouvement intérieur du tableau.

La manière si particulière dont la couleur apparaît dans ce tableau s'assimile à l'effet de la lumière jouant dans la couleur. La lumière n'est pas visible en elle-même et son effet n'est perceptible qu'à travers la dynamique de la couleur. La lumière doit donc agir pour apparaître. Il en allait de même pour les personnages au début de cette analyse. La couleur du tableau se manifeste comme un phénomène intérieur, invisible par sa nature: les couleurs chaudes et enveloppantes, leur éclat paisible qui semble provenir de l'intérieur peuvent susciter intuitivement le même type de sentiment que celui qui unit les amants. Si les mots n'étaient pas aussi galvaudés, nous pourrions parler d'un embrasement. Nous ne voulons pas prétendre que le spectateur ressent tel ou tel sentiment, mais que ce type de peinture lui découvre de telles nuances sentimentales ou spirituelles

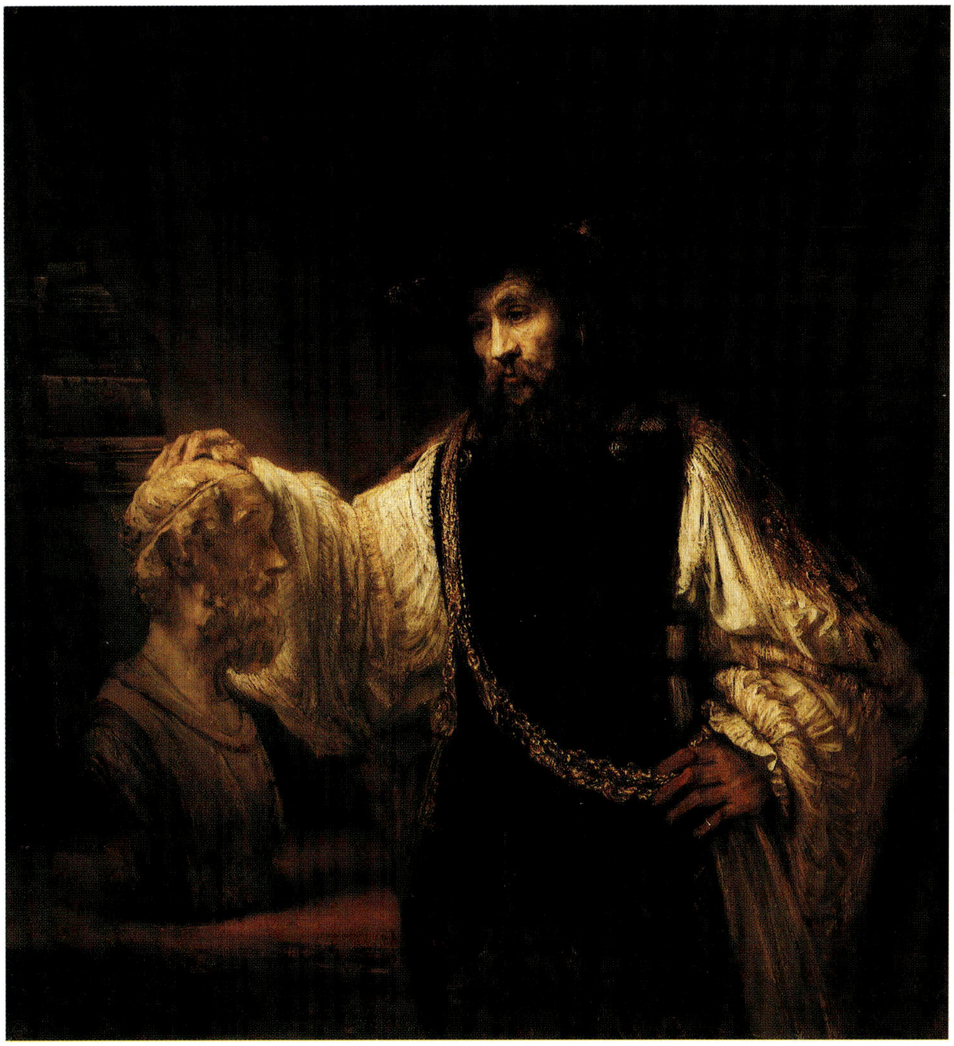

Aristote et le buste d'Homère, 1653
Huile sur toile, 143,5 x 136,5 cm
New York, The Metropolitan Museum of Art

non pas par une approche intellectuelle, mais par une approche intuitive de ce que représente la scène, par le simple fait de la regarder.

Si l'on accepte les effets qui ont été décrits ici et que l'on y voit les opportunités d'un tableau, on ne peut plus comprendre par «tableau» simplement l'objet accroché au mur, l'ensemble de couleurs et de formes que l'on a sous les yeux. Dire de cet ensemble qu'il bouge ou évolue serait tout aussi insensé que de s'attendre à ce que le mouvement représenté puisse véritablement s'y accomplir. L'effet visuel des couleurs et des formes ne se manifeste que si le spectateur, intuitivement et intellectuellement, accepte d'entrer dans le jeu des possibilités qu'offre l'œuvre d'art. En d'autres termes, il doit saisir les éléments et l'ensemble de l'œuvre pour les relier selon les règles que le tableau lui dicte. Cette définition de la réalité d'une œuvre permet de parler raisonnablement d'apparition, de fugacité, de temporalité à propos d'une figuration qui n'existe pas sans le spectateur, ni évidemment sans l'œuvre d'art. L'œuvre donne la structure, mais elle ne prend vie qu'à travers le regard du spectateur, c'est dans cet acte qu'elle se crée et nulle part ailleurs.

La mise en scène de Rembrandt réserve au spectateur un rôle particulier. A travers la composition d'une œuvre telle que *Les Syndics des drapiers*,

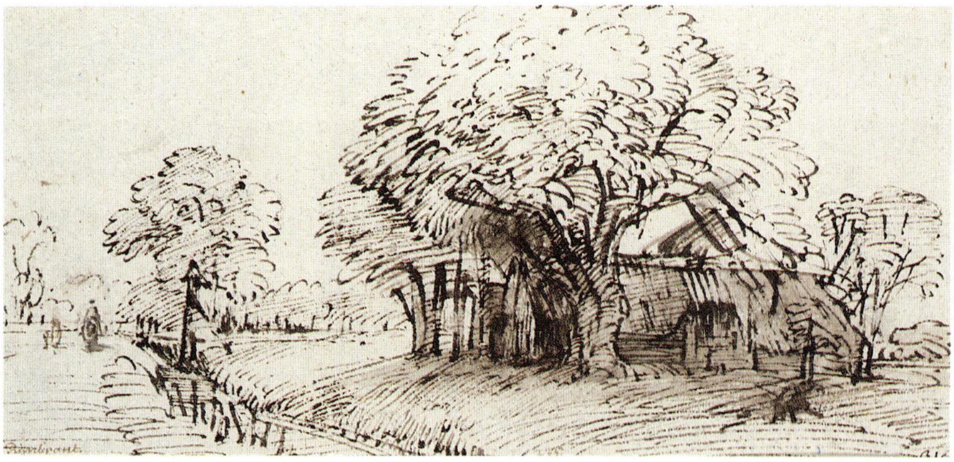

Paysage, vers 1654
Plume et bistre, 12,9 x 28,4 cm
Stockholm, Musée National

le spectateur est obligé de se sentir impliqué dans le déroulement de la scène dès lors qu'il en comprend le contexte. Ceci ne s'applique pas seulement à ce que l'on peut comprendre en voyant l'œuvre, mais aussi à ce que l'on peut simplement y voir. Dans la façon de peindre de Rembrandt, un rôle essentiel est dévolu au spectateur. Cette peinture fait prendre conscience de l'apparition sans donner l'impression d'une apparence achevée, et ce qu'il y a à reconnaître dans le tableau dépend dans une très large part du spectateur, car c'est à lui de révéler les phénomènes visuels que nous avons précédemment évoqués. Si le spectateur se dérobe, ils n'apparaissent pas. Ces tableaux laissent alors une impression d'inachevé. Cette impression est d'autant plus forte que les œuvres ont été exécutées tard dans la vie de l'artiste. La perfection de ces tableaux réside justement dans le fait qu'ils entraînent le spectateur dans un acte inépuisable de révélation. Aujourd'hui, en ce XXe siècle finissant, après les expériences concrètes de la peinture moderne, cette perspective infinie que nous offre l'art de Rembrandt nous permet de prendre conscience de l'importance du regard, élément créateur, ouvert, en devenir. La perception de la vie dans le tableau, la perception de l'apparition est une confrontation avec les forces créatrices de notre regard. C'est dans le regard que réside le mystère de l'apparition auquel l'art de Rembrandt nous initie.

Moïse brisant les tables de la Loi, 1659
Huile sur toile, 168,5 x 136,5 cm
Berlin, Gemäldegalerie, Staatliche Museen Preußischer Kulturbesitz

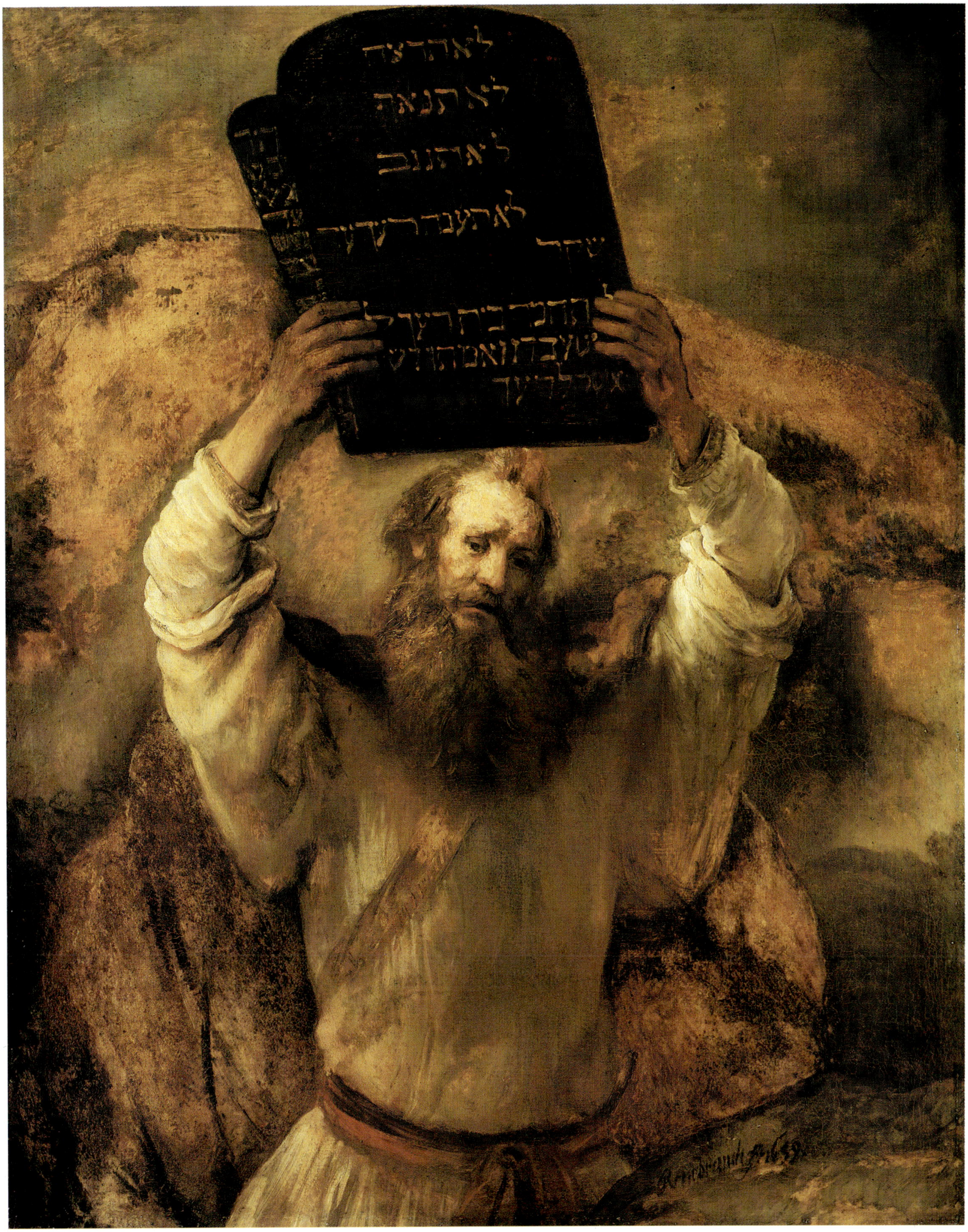
לאתרצח
לאתנאף
לאתגנב
לאתענהברעךעד
שקר

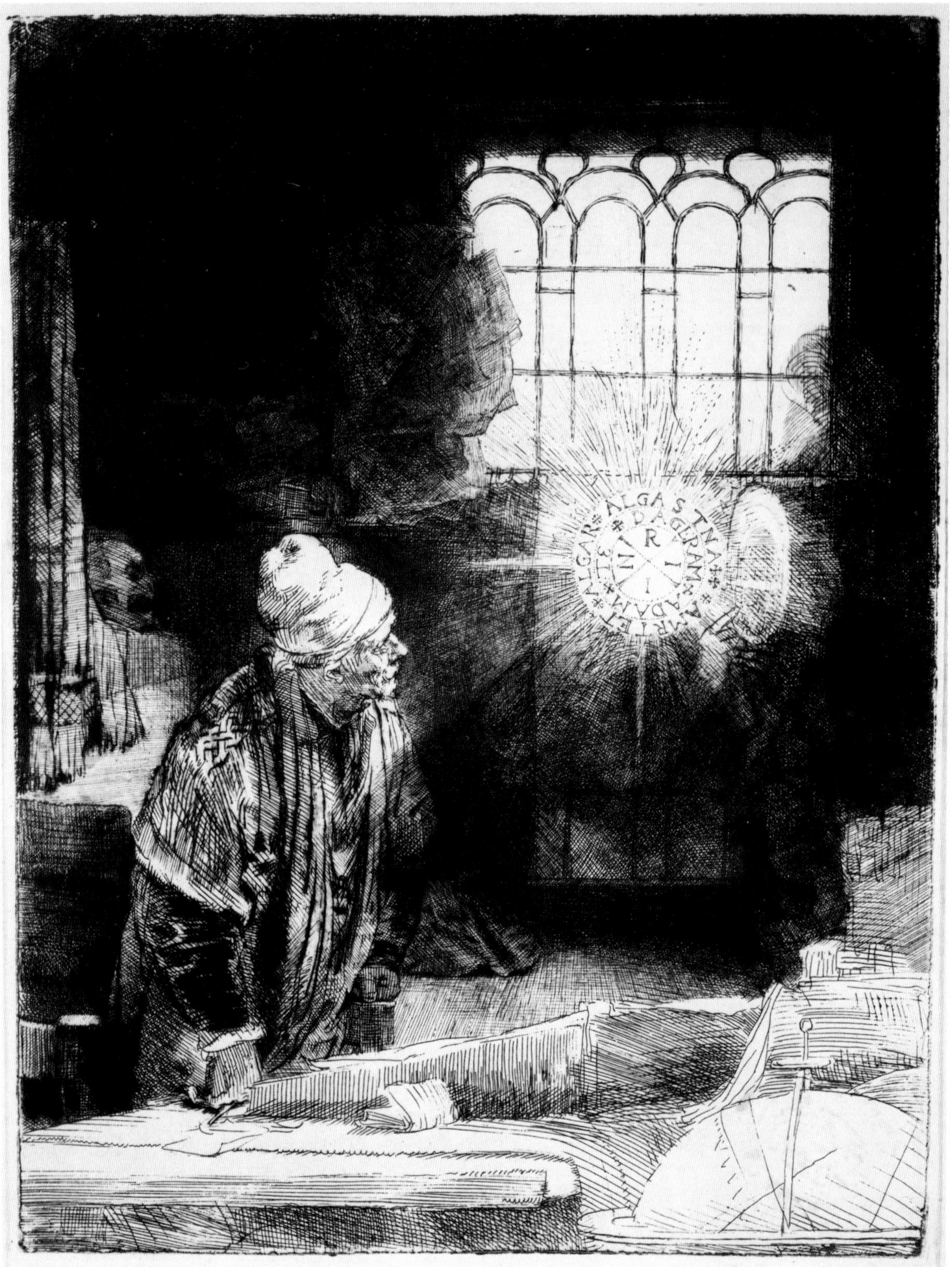

«Faust», vers 1652/53
Pointe sèche et burin, IIIe état, 20,9 x 16,1 cm
Amsterdam, Rijksmuseum, Rijksprentenkabinet

Autoportrait, 1661
Huile sur toile, 114 x 94 cm
Londres, English Heritage, Kenwood House

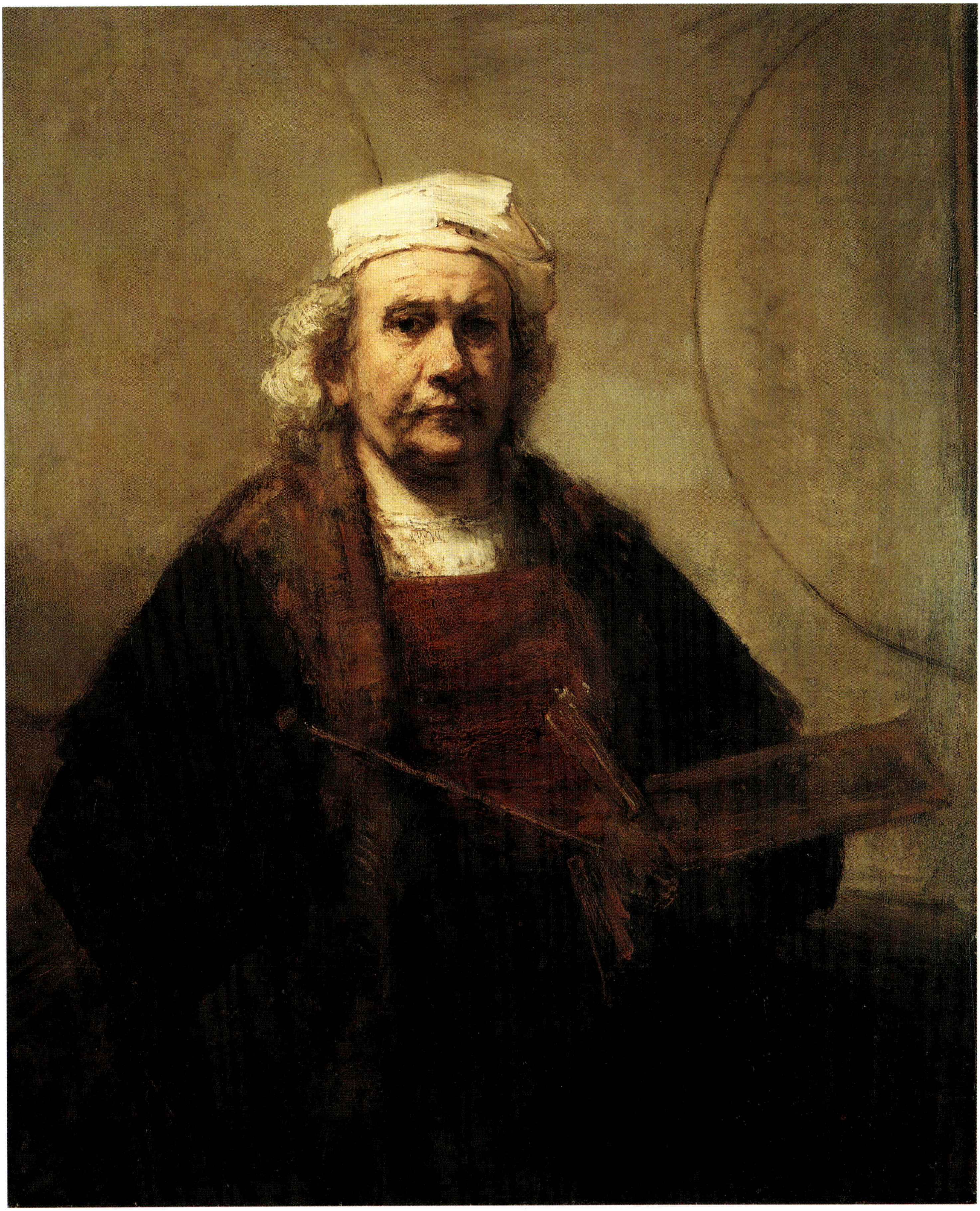

Rembrandt Harmenszoon van Rijn: Vie et œuvre (1606–1669)

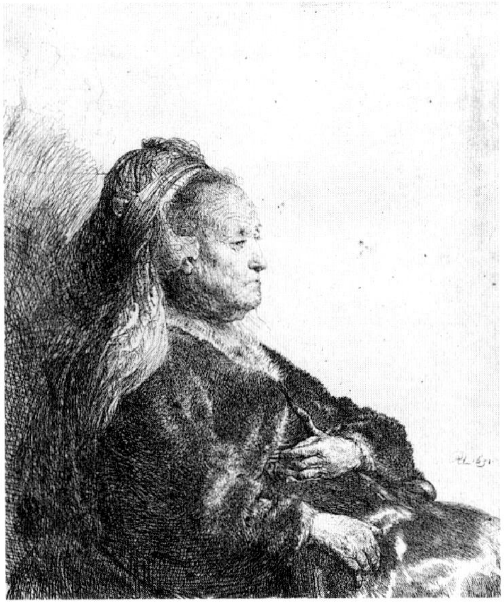

La Mère de Rembrandt, 1631
Eau-forte, Ier état, 14,5 x 12,9 cm

1606 Naissance le 15 juillet, à Leyde, de Rembrandt Harmenszoon van Rijn, huitième enfant de Neeltje van Suijttbroeck et de son époux Harmen Gerritsz. van Rijn.

1613-1620 Contrairement à tous ses frères qui deviennent artisans, Rembrandt fréquente l'école latine. Après une scolarité de sept ans, il s'inscrit à la faculté de philosophie de l'université de Leyde.

L'Université de Leyde en 1614
Taille douce, 1641

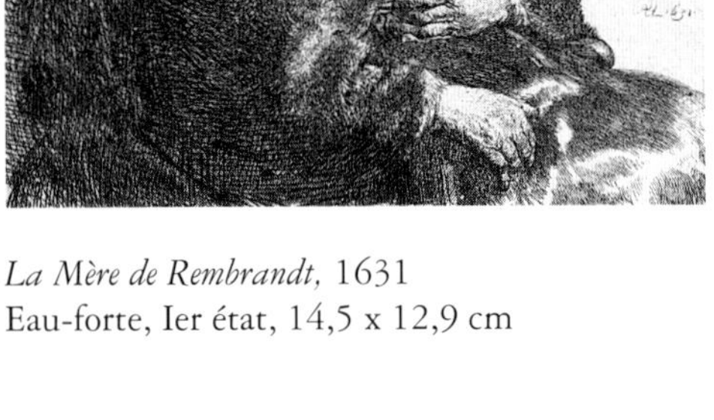

1622–1624 Rembrandt ne tarde pas à abandonner ses études pour entrer en apprentissage auprès de Jacob Isaacsz. van Swanenburgh, un peintre formé en Italie auprès duquel il restera deux ans. Mais les six mois qu'il passe ensuite à Amsterdam dans l'atelier du peintre d'histoire Pieter Lastman exerceront sur lui une influence beaucoup plus décisive.

1625–1628 Retour à Leyde où Rembrandt ouvre un atelier avec Jan Lievens. Il peint des tableaux d'histoire qui sont, au moins dans les débuts, marqués par l'influence de Lastman. Rembrandt se livre en outre à des études de physionomies qui donneront lieu à de nombreux autoportraits. Influencé par le célèbre graveur Callot, il exécute des gravures au burin et à l'eau forte.

1628 En novembre, Constantijn Huygens, secrétaire du prince Frédéric-Henri, se rend à Leyde et s'intéresse à Rembrandt.

1629–1630 Grâce à la protection de Huygens, les commandes affluent, amenant les premiers succès: deux de ses œuvres sont achetées par la couronne britannique et ses toiles *Judas rapportant les trente sequins* et *La Résurrection de Lazare* ne tardent pas à être abondamment copiées.

1630 Mort du père de Rembrandt le 27 avril.

1631 Encouragé par ses premiers succès et attiré par la métropole en plein essor, Rembrandt s'installe à Amsterdam. Il loge chez le marchand d'art Uylenburgh et se fait rapidement un nom comme portraitiste de la bourgeoisie d'Amsterdam.

1632 Par l'entremise de Huygens, Frédéric-Henri achète plusieurs toiles à Rembrandt et lui commande un cycle de la Passion. Le chirurgien Nicolaes Tulp lui commande un portrait collectif qu'il termine avant la fin de l'année. Cette année-là, Rembrandt peint au total 30 tableaux.

1634 Le 2 juillet, Rembrandt épouse Saskia van Uylenburgh, la nièce du marchand d'art et la fille d'un riche bourgeois d'Amsterdam. Il devient membre de la guilde de Saint-Luc pour obtenir le titre de maître et le droit de former des élèves et des apprentis. Parmi les huit élèves qui travaillent dans son atelier, certains, comme Ferdinand Bol ou Govert Flinck, sont encore connus de nos jours.

1635 Le 15 décembre, baptême de son premier fils, Rumbertus, qui meurt quelques mois plus tard. Rembrandt travaille sur les tableaux *Samson menaçant son beau-père, Ganymède dans les serres de l'aigle* et *Le Sacrifice d'Isaac.*

1636 Le couple van Rijn s'installe dans la Nieuwe Doelenstraat où Rembrandt se met au commerce de l'art et commence une collection encyclopédique d'objets exotiques, scientifiques et historiques, d'animaux et de plantes. Il peint *Le Festin de Balthasar, Samson aveuglé par les Philistins* et dans les années qui suivent, une série de portraits de Saskia, dont le double portrait de *Le Fils prodigue au bordel.*

1638 Saskia étant accusée de dilapidation par certains membres de sa famille, Rembrandt intente un procès en diffamation. Baptême de la première fille du couple, Cornélia, qui meurt en bas âge.

1639 Le 5 janvier, Rembrandt achète dans la Breestraat une nouvelle maison qu'il s'engage à payer en cinq à six ans. Il termine le cinquième et dernier tableau du cycle de la Passion.

1640 Le 29 juillet, baptême de la deuxième fille de Rembrandt également prénommée Cornélia. Elle aussi décède peu de temps après. Un mois plus tard, la mère de Rembrandt meurt à son tour. L'artiste commence à peindre et à graver des paysages.

1641 Le 22 septembre, baptême du fils de Rembrandt prénommé Titus.

1642 Rembrandt achève *La Ronde de nuit.* La mort de Saskia, le 14 juin, provoque une profonde cassure dans la vie de Rembrandt qui sombre dans une crise. Pour aider l'artiste, veuf et père de famille, Geertghe Dircx puis, au cours de l'été, Hendrickje Stoffels viennent s'installer dans la maison. Rembrandt commence sa plus célèbre gravure *La Pièce aux cent florins.* Son graphisme est de plus en plus apprécié et il est souvent copié. Ses gravures sont reproduites notamment comme retables.

1649 Des querelles opposent Geertghe à Rembrandt qu'elle poursuit en justice pour manquement à une promesse de mariage. Hendrickje témoigne contre l'accusatrice. Condamnée à plusieurs années de bagne, Geertghe est emprisonnée à Gouda.

1652 Le mécène sicilien Antonio Ruffo commande à Rembrandt le tableau *Aristote et le buste d'Homère* qui sera achevé l'année suivante.

1653 Lourdement endetté, Rembrandt est contraint d'emprunter de l'argent malgré les nombreuses commandes qu'il reçoit, les honoraires que lui versent ses élèves et les revenus qu'il tire de ses gravures.

1654 Hendrickje comparaît devant le conseil ecclésiastique d'Amsterdam qui la blâme pour concubinage. Le 30 octobre, baptême de Cornélia, la troisième fille de Rembrandt.

1656 Le 17 mai, l'acte de propriété de la maison est transféré au nom de Titus. Peu après, Rembrandt est déclaré insolvable.

1657–1658 Les collections de Rembrandt et sa maison sont vendues aux enchères, mais cela ne suffit pas à éponger les dettes de l'artiste. Rembrandt s'installe dans la Roozengracht où il mène une vie retirée, entouré d'amis mennonites et juifs. Louys Crayers est nommé tuteur du fils de Rembrandt et, à l'issue d'un long procès, il obtient que la part d'héritage de Titus soit retranchée de l'actif de la faillite pour lui être remise.

1660 Titus et Hendrickje engagent Rembrandt dans leur commerce d'art. Bien que vivant retiré, il a encore de nombreuses relations. Il emploie toujours des élèves et exécute des commandes, comme le portrait des *Syndics des drapiers* achevé en 1662.

1661 Antonio Ruffo acquiert le tableau *Alexandre le Grand* et commande un portrait d'Homère.

1663 Mort d'Hendrickje.

1665 Titus atteint sa majorité et reçoit sa part d'héritage; Rembrandt travaille à *La Fiancée juive.*

1668 Le 10 février, Titus épouse Magdalena van Loo et meurt six mois plus tard. Il est enterré le 7 septembre.

1669 Rembrandt vit chez sa bru. Le 22 mars il devient le parrain de sa première petite-fille. Il meurt le 4 octobre sans avoir achevé *Siméon au temple.*

Un Peintre dans son atelier, vers 1629
Bois, 25,1 x 31,9 cm
Boston, Museum of Fine Arts

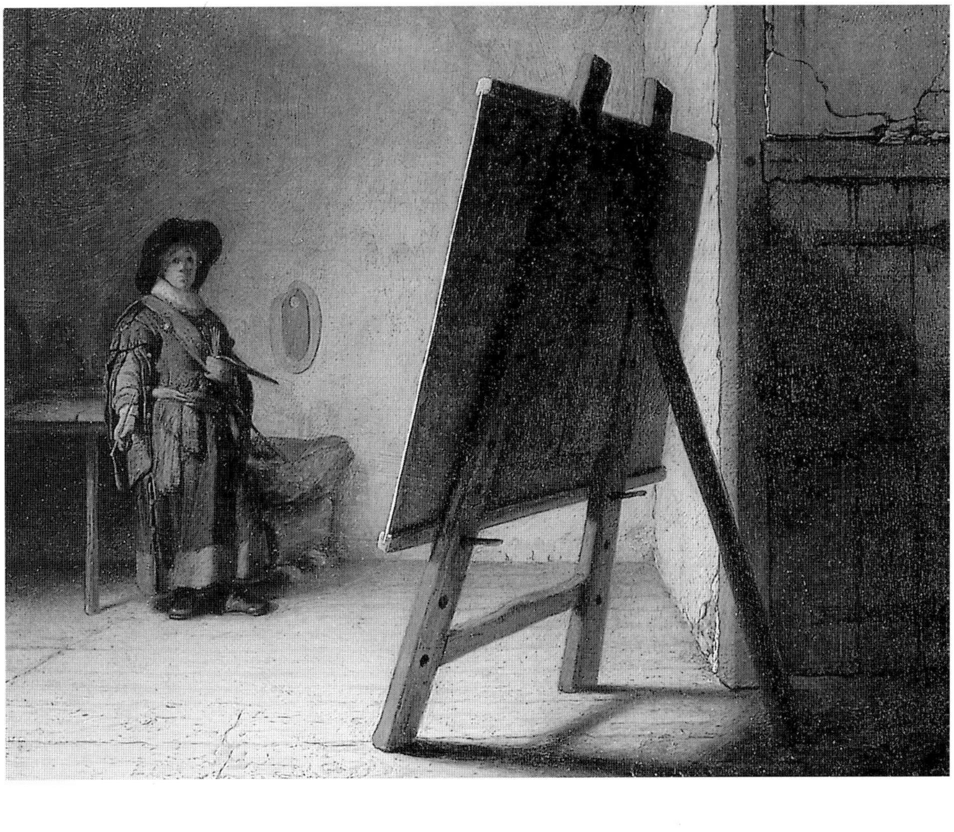

Remarques

1 Haak 1969, p. 81, voir aussi Tümpel 1977, p. 56

2 Tümpel, 1986, p. 221

3 Tümpel, op. cit.

4 Schwartz 1987, p. 336 (avec la liste des noms)

5 Burckhardt 1984, p. 387

6 Voir à ce sujet Imdahl 1975 et Bockemühl 1985, p. 108 et suivantes.

Les données concernant les eaux-fortes de Rembrandt ici reproduites (à l'exception de B. 320, B. 34 et B. 76) sont tirées de Ludwig Münz, Rembrandt's Etchings, t. 1-2, Londres 1952.

Crédits photographiques

L'éditeur remercie les propriétaires des œuvres cités dans les légendes des illustrations de lui avoir aimablement accordé les droits de reproduction et fourni les documents pour reproduction. Les personnes et les institutions suivantes ont également mis des reproductions à la disposition de l'éditeur:
© Photo R.M.N.: p. 2, 30 en haut, 57, 72, 74; Peissenberg, Artothek: p. 8 à droite, 18, 32, 33; Cologne, Rheinisches Bildarchiv: p. 11; Caluire, Studio Basset: p. 14; New York, Art Resource: p. 17; Berlin, Bildarchiv Preußischer Kulturbesitz, Jörg P. Anders: p. 20, 25, 41, 45, 66, 68, 69 à gauche, 91; Hambourg, Elke Walford: p. 21; Museumsphoto B.P. Keiser: p. 37, 82; Dresde, Sächsische Landesbibliothek, service de la photothèque allemande; p. 45; Jeremy Marks, Woodmansterne Limited: p. 54; archives de l'éditeur: p. 7, 16, 77, 79, 94.

Bibliographie

Sur la biographie de l'artiste:

Tümpel, Christian: Rembrandt in Selbstzeugnissen und Bilddokumenten, éd. par Kurt Kusenberg, Reinbek bei Hamburg 1977

Le même ouvrage élargi et complété par le catalogue des œuvres et une importante bibliographie:

Tümpel, Christian: Rembrandt, traduit de l'allemand par Jacques et Jean Duvernet, Léon Karlson et Patrick Grilli, Albin Michel, Paris 1986

Sur les circonstances de la vie de l'artiste, ses clients, ses modèles et un catalogue de ses œuvres:

Gerson, Horst: Rembrandt. Gemälde, Gütersloh 1969

Haak, Bob: Rembrandt. Sein Leben, sein Werk, seine Zeit, New York/Cologne 1969

Schwartz, Gary: Rembrandt. Sämtliche Gemälde in Farbe. Stuttgart/Zurich 1987

Sur l'état actuel de la recherche et la documentation complète de la peinture de Rembrandt:

Stichting Foundation Rembrandt Research Project (RRP): A Corpus of Rembrandt Paintings, éd. par J. Bruyn, B. Haak, S.H. Levie, P.J.J. van Thiel et E. van de Wetering, La Haye/Boston/Londres (déjà parus: t. 1 1982, t. 2 1988, t. 3 1989)

Etudes stylistiques:

Bockemühl, Michael: Rembrandt. Zum Wandel des Bildes und seiner Anschauung im Spätwerk, Mittenwald 1981

Burckhardt, Jacob: Die Kunst der Betrachtung: Aufsätze und Vorträge zur bildenden Kunst, éd. par Henning Ritter, Cologne 1984. (chapitre consacré à Rembrandt, p. 384-405)

Hetzer, Theodor: Rubens und Rembrandt. Ecrits de Theodor Hetzer édités par Gertrude Berthold, t. 5, Mittenwald/Stuttgart 1984

Imdahl, Max: Regie und Struktur in den letzten Gruppenbildnissen von Rembrandt und Frans Hals. Dans: Festschrift für Max Wegener, Münster 1962, p. 119-126

Riegl, Alois: Das holländische Gruppenporträt, Vienne² 1927

Sur des questions diverses:

Held, Julius: Das gesprochene Wort bei Rembrandt. Dans: Neue Beiträge zur Rembrandt-Forschung, éd. par Otto v. Simson et Jan Kelch, Berlin 1973. p. 111-129

Imdahl, Max: Wandel durch Nachahmung. Rembrandts Zeichnung nach Lastmans „Susanna im Bade". Dans: Konstanzer Universitätsreden Nr. 77, éd. par G. Hess, Constance 1975

Simmel, Georg: Rembrandt. Ein kunstphilosophischer Versuch, Leipzig² 1919

Sur la méthode d'observation appliquée dans le présent ouvrage:

Bockemühl, Michael: Die Wirklichkeit des Bildes. Bildrezeption als Bildproduktion. Rothko, Newman, Rembrandt, Raphael, Stuttgart 1985